高校教育教学管理创新研究

许莲花　李印平　鲁美池　著

四川大学出版社

图书在版编目（CIP）数据

高校教育教学管理创新研究 / 许莲花，李印平，鲁美池著． — 成都：四川大学出版社，2023.8
ISBN 978-7-5690-5891-8

Ⅰ．①高… Ⅱ．①许… ②李… ③鲁… Ⅲ．①高等学校—教学管理—研究 Ⅳ．①G647.3

中国版本图书馆CIP数据核字（2022）第254443号

书　　名：	高校教育教学管理创新研究
	Gaoxiao Jiaoyu Jiaoxue Guanli Chuangxin Yanjiu
著　　者：	许莲花　李印平　鲁美池

选题策划：梁　平
责任编辑：梁　平
责任校对：杨　果
装帧设计：裴菊红
责任印制：王　炜

出版发行：四川大学出版社有限责任公司
　　　　　地址：成都市一环路南一段24号（610065）
　　　　　电话：（028）85408311（发行部）、85400276（总编室）
　　　　　电子邮箱：scupress@vip.163.com
　　　　　网址：https://press.scu.edu.cn
印前制作：四川胜翔数码印务设计有限公司
印刷装订：四川省平轩印务有限公司

成品尺寸：170 mm×240 mm
印　　张：7.25
字　　数：140千字
版　　次：2023年8月 第1版
印　　次：2023年8月 第1次印刷
定　　价：48.00元

本社图书如有印装质量问题，请联系发行部调换

版权所有 ◆ 侵权必究

扫码获取数字资源

四川大学出版社
微信公众号

前　言

　　随着经济高速发展、互联网普及、信息进程不断推进，人类社会进入高速发展的时代。当前，高校教育教学管理正站在新的历史起点上寻求进一步革新。在这一时代背景下，高校应密切关注并认真分析社会发展环境，结合时代发展趋势制定出相应的管理方案，以此适应社会发展出现的一系列新变化、新情况，使高校教育教学管理工作者能够抓住时代机遇，做好迎接各种挑战的准备，推动高校教育教学朝着更高的目标迈进。

　　本书第一章为高校教育教学及其管理，主要包括高校教育教学及其管理的内涵与特点、现代教育理念、高校教育教学管理的原则和高校教育教学管理的改革发展等内容；第二章为高校教育教学中的质量管理创新，主要包括高校教学质量管理概述、质量管理体系的构建、质量管理的创新措施等内容；第三章为高校教育教学中的学生管理创新，主要包括当前高校学生管理概述、高校学生管理能力解析、高校学生管理的创新措施等内容；第四章为高校教育教学中的教师管理创新，主要包括高校教师管理概述、高校教师管理能力解析、高校教师管理的创新措施等内容；第五章为高校教育教学中的行政管理创新，主要包括高校行政管理概述、高校行政管理工作解析、高校行政管理的创新措施等内容。

　　本书重点对高校教育教学管理相关内容做出具体分析，并尝试探索出高校教育教学管理的创新路径，使高校教育教学管理者能够切实领会高校教育教学管理的目标理念和发展前景，从而提升高校教育教学管理水平。

著　者

目 录

第一章 高校教育教学及其管理……………………………………（1）
    第一节 高校教育教学……………………………………………（1）
    第二节 高校教育教学管理………………………………………（12）

第二章 高校教育教学中的质量管理创新…………………………（23）
    第一节 高校教学质量管理概述…………………………………（23）
    第二节 高校教学质量管理体系的构建…………………………（26）
    第三节 高校教学质量管理的创新措施…………………………（28）

第三章 高校教育教学中的学生管理创新…………………………（33）
    第一节 高校学生管理概述………………………………………（33）
    第二节 高校学生管理能力解析…………………………………（49）
    第三节 高校学生管理的创新措施………………………………（69）

第四章 高校教育教学中的教师管理创新…………………………（76）
    第一节 高校教师管理概述………………………………………（76）
    第二节 高校教师管理能力解析…………………………………（81）
    第三节 高校教师管理的创新措施………………………………（88）

第五章 高校教育教学中的行政管理创新…………………………（97）
    第一节 高校行政管理概述………………………………………（97）
    第二节 高校行政管理工作解析…………………………………（99）
    第三节 高校行政管理的创新措施………………………………（104）

参考文献………………………………………………………………（107）

第一章 高校教育教学及其管理

第一节 高校教育教学

一、高校教育教学的内涵

虽然教学是教育学的一个基本概念，但由于人们对教学的认识角度、认识方法等不同，对教学概念的解释也不尽相同。最广义的教学可以包括自学、科研甚至生活，而狭义的教学可以指在某时某地发生的教学活动。

也有将教学解释为是教师教、学生学的统一活动；在这个活动中，学生掌握一定的知识与技能，身心获得一定的发展，形成一定的思想品德。教学是教师的教和学生的学所组成的一种教育活动。通过教学，教师把人类长期实践积累起来的科学文化知识，有目的、有计划、系统地传授给学生，培养他们认识世界和改造世界的能力，使他们迅速成长为有社会主义觉悟、有文化的劳动者。

以上这些观点主要强调了学校中形态多元的教学活动，都必须是"教师教和学生学的统一"，即教学是教与学统一的活动，不能将其只看作是教或者学；强调了教师主导与学生主体的统一，教师不能代替学生成为学习的主体，学生的学也只有在教师的引导下才能更好地发展；强调了教学的全面性，教学不仅仅是知识、技能的传授，更重要的是学生情感的升华、品德的完善，强调教学生学会做人。

高校教育教学的基本形式是班级授课制，主要是教师和学生以课堂为主渠道，在教师的教和学生的学统一活动中，通过教材，以交流、合作等方式，完成教学目标，促进学生发展。可以说，教学包括了从教学目标的设定、教学过程的实施到教学反馈的形成这样一个动态完整的过程，是一个整体系统。课堂教学作为一个复杂系统，结构要素有很多，主要有教学目标、教学内容、教学方法、教学环境、教学评价、教师和学生七大要素。其中，学生是教学的主体，所有的教学活动都围绕学生这一主体展开，学生既是教学活动的出发点，也是教学活动的落脚点；教师在教学中起着关键作用，所有的教学要素都通过教师发挥主动性去调整，从而影响学生的学习活动，达到教学过程最优化，取得最大的教学效果。

二、高校教育教学的特点

（一）特殊的教学对象

和中小学相比，高校的教学对象有很大的不同。高校的教学对象大多是已经成年的青年，相较于中小学生他们在生理和心理上都要成熟得多，包括认知能力在内的各种能力都有了很大的提高，具有明显的特殊性。

首先，高校的教学对象的各种知觉发展都较成熟。随着年龄的增长，大学生各种感觉器官都已发育成熟，他们对各种知识和技能的学习不再停留在认识的层面，还会根据自己已有的经验和知识基础去深刻地理解和运用，并且可以对所学的知识进行加工和重组。此外，大学生拥有较灵敏的知觉和感觉系统，除了可以很快地接受新知识，还可以积极地将所学用于实践。

其次，高校的教学对象可以有目的地去观察和认知。随着大学生知识的积累和阅历的丰富，他们对周围事物的观察不再只是盲目进行，而是出于一定的目的，并且会进行一系列较系统的观察。同时，他们还可以做出明确的观察结论和总结，而且在观察的过程中，会根据需要选择合适的工具，及时改变策略，合理预测结果，并做好充分地解决可能出现的问题的准备。

最后，高校的教学对象处于思维发展的过渡期。大学生的思维有所发展，由一直以来的形式逻辑思维开始逐步发展为辩证逻辑思维；既明确不同事物的确定界限，也开始接受辩证统一的认知，可以看到事物的对立统一面。同时，大学生的创造性思维也在飞速发展，他们总是有很多奇思妙想，他们敢于创新。需要注意的是，大学生处于思维发展的过渡期，既表现出深刻性、批判性的一面，同时由于大学生心智还不够成熟，也容易表现出一定的盲目和冲动。

（二）多维度的教学目标

正因为高校教学面对的教学对象特殊，所以高校教育教学的教学目标也更丰富，呈现多维度性。

首先，高校要注重培养学生的想象力和创造力，让学生学会思考，学会探究未知。高校，除了是传授知识的教育场所，更重要的作用是作为一所研究机构，教会学生学会思考、学会探究，为以后漫长生活中的自我学习打下坚实的基础。同时，高校教师还需要将知识与想象结合在一起，鼓励学生大胆想象，培养学生的想象力和创造力。因为书本上的知识都是经人组织、整合过的生活产物的结果，是一种不会跟随时代步伐和人的思维节奏变化的静态知识，即使再怎样精细详尽、条理清晰、逻辑合理，它也是"死"的。如果教师只把这样的知识传授给学生，那么长此以往，学生可能就不会思考和探究了。

其次，高校要充分培养学生的实践能力。大学生在高校学习，除了要成为一个拥有丰富学识的高学历人才，为了充分适应当前社会，还需要具备很强的实践能力。在高校，教师必须要充分调动学生学习的主动性，改变灌输性的教学方法，引导学生成为知识的探索者和研究者；需要给予学生亲自实践的机会，提高学生的实际动手能力，充分培养学生的实践能力。

最后，高校要注重学生精神世界的建设。除了要学习知识、锻炼能力外，大学生要想真正成才，还需要开拓精神世界，以高尚、丰富的精神世界武装自己。

综上所述，知识是人适应社会的前提；能力是以知识为基础的，能力的发展必须有丰富的知识作保障；而精神则是人之所以成为人的核心，三者缺一不可。所以，高校教育必须做到传授知识、培养能力和丰富精神三者相统一。

（三）以探究学习为主的教学模式

从能力水平而言，大学生已经具备了相当成熟的感知能力，他们已不像中小学生那样需要手把手教授。这时高校的教师就需要适当引导学生自己去探索未知的东西，因而高校教育的教学过程主要是以探究学习为主进行的。

高校教学虽然也有教材，但绝不是教师一板一眼地把教材上的东西原封不动地讲解给学生，而是需要学生在自己已有知识的基础上，在教师的指导下，用自己的方法去认识世界、探索未知。随着时代的发展和学生已有知识的增加，真理在学生眼中的表现形式会有所不同。大学的使命是探索知识和追寻真理，而非认识真理。也就是说，高校教学应当是以探究学习为主的。只有培养学生的探究能力，使他们对知识有更为深刻的理解，并学会探究未知，才算是真正地完成大学的使命。

（四）综合度高的教学内容

现代社会，由于科技的快速发展，分工更加精细，社会生产和人们生活所产生的各种问题都需要各行各业之间的相互合作去解决。这就促使社会需要既专业又全面的高级人才，也使得大学的教学内容往高度综合的方向发展。综合而言，高校必须以培养基础知识牢固、专业能力强，同时知识层面宽的人才标准进行教学。只有这样，高校培养出来的人才才能适应瞬息万变的科技和日新月异的社会。

随着科技的发展，具体的教学内容不仅仅局限于各种纸质教材，还可以来源于更大信息量的电视、广播以及互联网等；知识获取也不仅仅局限于课堂上教师的讲授，还可以通过远程教学和多媒体等。纸质教材有可能存在内容过时、信息量有限等问题，增加了投影设备和多媒体等科技工具辅助的教学内容更加丰富、形象和开放，更能激发学生的学习兴趣，培养他们的发散性思维和创造性思维。

（五）多样化的教学方法

高校教育教学多维度的教学目标和综合度高的教学内容的特点，决定了高校教育的教学方法也将呈现多样性。

首先，大学与中小学不同，存在许多相互独立的不同专业与学科，在面对不同专业的学生时，教师应该采用不同的教学方法。教学方法的选择要符合学生的专业特点，力求利于学生迅速吸收新知识。因为即使面对同样的教学内容，不同专业的学生的接受程度也有所不同。所以，高校教育的教学方法是不能一成不变的。

其次，现代科技发展很快，各种手段、方法被应用到了教学上，比如影视材料、互联网信息等的使用，因此高校教育教学要在使用一般性的教学方法之上，灵活运用各种教学手段，尤其要充分发挥计算机的辅助作用。

最后，即使使用同样的教学方法，使用教学方法的过程也存在不同，比如使用某种方法的前提条件不同、使用的步骤不同等以及面对大学生的心理素质和接受能力不同等。所以，即使使用同一种教学方法也呈现出多样性的特征。事实上，学生接受知识和内化知识的速度主要决定于教师是否使用了正确的教学方法，而正确教学方法的选择可以使学生在理论和实践上共同进步、身心同时发展。所以，高校教育的教学方法一定是多样的，且一定是要适合学生发展的。

（六）高层次的师生互动

高校教育教学的成效取决于课堂上师生之间的交流和互动。有效和良性的师生互动既可以促进学生情感和认知两方面的发展，也可以促进教师自身的发展，使师生双方都受益，达到教学相长的目的。高校教育教学的师生互动与中小学有所不同，高校教育教学的师生双方都具有特殊性，所以高校的师生互动表现出深入性和高层次性。

首先，高校教师应该是知识的实质权威者，而不是传统的形式权威者，即教师应该具有高深学问和高尚的情操以及崇高的人格魅力。随着现代科技的发展，知识更新速度之快，教师需要不断地迎接挑战，丰富自己。只有教师的学问深了、素质高了，才有可能成为知识的权威者，大学生对教师才会尊重和信赖，双方才能达到真正的良性互动，才能有效提高教学效果。

其次，大学生也是特殊的群体。大学生处在特殊的年龄阶段，心理初步成熟，他们希望被教师当作课堂互动中的另一个主体，得到教师的尊重和关爱；希望教师能把他们当作朋友；希望和教师建立一种平等、融洽的师生关系。角色的不同，互动的形式和内涵也就不同。高校教育教学的师生互动更加具有平等性和民主性，是更深层次的一种师生互动。

三、高校教育教学的创新性特征

（一）平等性

高校的学生来自不同的地方，由于遗传、教育环境、智力水平等存在差异，他们的家庭出身、社会地位和生理心理状态也不同。但在人格上，他们都是具有平等人格的主体，所以在教育教学中，首先，教师应一视同仁，使学生的基本权利得到保障。其次，教师在对课堂教学资源的分配上应平等地考虑每一个学生，包括课堂问题的设计、教师提问的对象等，应该根据学生的情况给予最合理的分配，不能存私心，歧视任何学生。然而，在现实生活中往往会存在一些不合理的差别对待：有的教师对成绩差的学生有歧视；更有甚者，有的教师对家庭经济条件好的学生另眼相看；有的教师对学生存在性别歧视。教师必须保证用同样的眼光去看待学生，给予他们同样的机会。最后，在师生的互动中，教师要充分理解学生的个人情感以及学生在发展过程中遇到的种种情感问题，并及时给予恰当的帮助。在传统教学中，教师大多以"教"和"管"为主，很少顾及学生的心理，学生只是被动地接受知识和技能，而现代教学则要求教师要更多地注重学生的个体差异，充分尊重学生的自主发展，使学生充分感受到自己与别人真正在发展上的平等。

（二）差异性

差异性是针对平等性而言的。所谓的平等对待并不等同于毫无差异，而是在平等中做到差别对待。这是因为每个学生都是具有不同特性的鲜活的个体，他们有不同的思想、意识和学习方法。有的教师习惯于用统一的标准去要求每一个学生，要求他们考试都要拿到什么样的分数，要求他们一样的优秀、一样的聪颖；有的教师用同样的方式和内容去教授全体学生，并不关心是不是所有的个体都能接受和理解。在教育教学中，教师首先要承认学生的独特性和差异性，用心研究他们的学习习惯和思考方式，对不同的学生制定不同的教学方法。其次，还要积极与学生沟通，鼓励学生、引导学生，培养学生的创新精神和完整的人格，不压抑学生的自主成长和发展，这样才能使每个学生都得到全面发展，才能为社会培养和输送不同类型的人才。

（三）发展性

高校教育教学的最终目的是促进受教育者的发展，也就是使每个个体都得到发展，而这种发展又不是以一个统一标准去要求的。个体的差异使得每个学生并不具有一样的基础，不一定能够发展到同一个高度。著名教育学家赞克夫曾经提出著名的"教学与发展"教学理论。该理论提出了五条教学原则，其中一条就是"使全体学生都得到一般发展的原则"。事实上，在实际教学过程中，学生有好、中、差之分，教师不可能使这三类学生都发展到一样的高度。发展性就是要求教师在尽可能的情况下使用一切方法使得学生都能得到相对于自身来说最大的发展。不求一致发展，但使全体学生都得到一般发展是可以做到的。总之，发展性是高校教育教学公平的最高要求，也是对教师最高的要求。教师在任何时候都应该谨记——教学的最终目的是要促进每个学生的发展。

四、现代教育理念

所谓的教育理念就是一种关于教育方法的观念，也可以说是有关教育一般原理和规律的一种理想的观念。教育理念是对未来教育的"远见卓识"。当然，它必然是以前人的教育思想为基础，以未来社会对人才的需要为前提的。科学的教育理念可以正确地反映教育的本质特点和时代特征,为教育的发展指明方向。基于此,现代教育理念作为社会文化的典型代表,除了为我们提供教育的理想模式,还始终保持着对社会各方面发展的前瞻性。

在对教育实践和教育理论进行了长期深入的研究之后,人们赋予了现代教育理念比较深刻的思想内涵。从理论层面上来说,现代教育理念突破了以教育经验为导向的思想束缚,改变了传统教育更加侧重应试教育这一特征,使教育内容更加系统且更具有针对性。现代教育理念也表现出了客观、可信的科学特征,被赋予了开拓精神、创新精神、批判精神、冒险精神等思想内涵。从操作层面上来说,在指导教育实践过程中,现代教育理念则表现得更加成熟,也体现出了包容性、可行性、持续性的特征。这必定会对高校的教学起到十分积极的导向作用。下面将对十大现代教育理念展开详细论述。

(一) 以人为本理念

在经济、科技等高速发展的今天,社会已经从注重科学技术发展的时代进入以人为本的时代。在这个时代,坚持以人为本的教育理念也符合当下的时代要求。因为人既是教育的出发点,又是教育的归宿。教育作为一种培养和造就合格人才以满足社会发展需要的崇高事业,自然要全面体现以人为本的时代精神。因此,现代教育应强调以人为本,在教育教学的整个过程中,全方位地贯彻重视人、尊重人、提升及发展人等重要精神;同时,现代教育也应重视开发人的禀赋,挖掘人自身蕴藏的潜能,关注人当下的现实需要和未来的发展需要,更应重视人自身的价值及如何使他们实现个人价值,并且应致力于使人自尊、自爱,增强人自立、自强的意识。正是由于现代教育坚持以人为本的理念,所以人们的精神品位和生活质量也在持续提高,人的生存能力和发展能力也得到了提高,进而人的自身也得到了发展与完善。现代教育是增强民族凝聚力的重要手段。

(二) 全面发展理念

促进人的自由全面发展是现代教育的宗旨。因此,现代教育十分注重人发展的全面性和完整性。从宏观上说,现代教育是面向国家全体公民的教育,是注重民族整体全面发展的国民性教育。它要使社会上的每一个成员都能通过正规或者非正规的渠道接受一定的教育。它的根本目标是全面提升整个民族的思想道德修养,大力发展整个民族的科学文化素质,提高民族的知识创新能力和技术创新能力,增强国家的综合国力。从微观上说,现代教育是面向全体学生的教育。它要使每一个学生都能在原有的基础上得到一定的发展,使每一个学生都能达到社会规定的合格标准,使他们成为社会需要的合格人才。它的根本任务是促进每一个学生在德、智、体、美等方面的全面发展,成为全面发展的人才。这就要求人们在教育观念上,要将传统教育观念改变为素质教育观念,将精英教育、专业性教育转变为大众教育、通识性教育;在教育方法上,要改变只注重提高成绩、不注重学生身心发展的方式方法,而采取促进学生德、智、体、美全面发展的,整体育人的方针政策。当然,全面发展并不是平均发展,而是给予每个学生平等的个性发展机会和自由选择机会。

(三)素质教育理念

传统教育的思想和方法只重视传授和吸纳知识,不利于学生的全面发展。现代教育重视的是在教育过程中将知识转化为能力,内化为学生的良好素质。它强调的是知识、能力和素质三者在整个人才结构中的相互作用、相互渗透与和谐发展。传统教育过于重视知识的传递和考试分数,往往忽视了学生的实践能力和综合素质的发展。现代教育更加强调锻炼学生的实践能力,培养学生的综合素质。现代教育认为,与知识相比,能力和素质更重要、更持久、更稳定。现代教育把培养与提高学生的综合素质作为教育教学工作的中心,把帮助学生学会学习和提高学生个人素质作为基本的教育目标,为的是将学生蕴藏的多种潜能全面开发出来,使学生的知识、能力和素质共同发展、和谐发展,提高学生的整体发展水平。

(四)创造性理念

实现将知识性教育转变为创造力教育是传统教育转向现代教育的重要标志之一。因为在以知识为基础、以脑力劳动为主体的知识经济的概念下,人的创造性作用体现得更为明显,人的创造力潜能也成了最具价值的重要资源。现代教育充分强调教育教学过程应该是一个极具创造力的过程,要以培养学生的创造力为基本目标,积极挖掘学生的创造力潜能。现代教育主张在营造教育教学环境时,要运用创造性的教育教学手段,同时还要结合优美的教育教学艺术;在培养人才时,要培养学生的创造力,将学生培养为创造型人才。现代教育认为创新精神和创业精神二者相结合形成的生态链才是完整的创造力教育的构成要素。因此,加强创新教育和创业教育并且促进两者相互融合,培养出创新、创业型人才也成了现代教育的基本目标。

（五）主体性理念

现代教育其实是一种主体性教育。现代教育对人的主体价值给予了充分的肯定，积极弘扬人的主体性，有效激发教育主体的能动性，并使其在一定程度上得到提高，同时也增强了人的主体意识，提升人的主体能力，使受教育者不再被动接受外在的、客体实施的教育，而是自主地进行自我教育活动。尊重每一位学生的主体地位是主体性理念的核心。主体性理念主张始终以"学"为中心来开展"教"的活动，最大限度地激发学生的内在潜力和学习动力，将学生转变为积极主动的主体，而不再是被动的接受性客体。真正的教育过程应是学生自觉自主的学习过程和自我构建的过程。因此，主体性理念要求将以教师、教材、课堂为中心的传统教育模式转变为以学生、活动、实践为中心的现代教育模式。这种新颖活泼的主体性教育模式倡导的是快乐教育、自主教育、成功教育及研究性学习等。这种模式能点燃学生学习的热情，能更好地培养学生的各种兴趣，能促进学生养成良好的学习和生活习惯，使学生的学习能力不断提高，促进学生积极主动地学习和发展。

（六）个性化理念

多元的个性发展是创造精神和创新能力的重要源泉。我们处在知识经济这个创新的时代，这个时代需要大批的人才来支撑，而这些人才必然是具有丰富且鲜明个性的人才。正因如此，个性化教育理念才应运而生。现代教育强调的是尊重个性、正视个体差异；它不仅允许学生发展得不同，而且鼓励学生的个性发展；它会采用不同的教育方法和评判标准来对待学生不同的个性特点，会提供更有利于学生个性发展的条件。现代教育注重的是学生的身心素质特别是人格素质的发展，因此，它要求教育教学的每个环节都要贯彻培养和完善个性的理念。首先，在教育实践过程中，个性化理念要求创设个性化的教育环境，营造个性化的教育氛围，搭建个性化的教育平台；其次，在教育观念上，个性化理念提倡精神宽容、地位平等和师生互动，承认并且尊重不同学生之间的个性差异，为每一个学生的个性展示提供平等的机会，为每一个学生的个性发展提供有利的条件，鼓励每一个学生展示自己的个性和长处；最后，在教育方法上，个性化理念注重因材施教，实行个性化教育，要求针对不同个性的学生采取不同的教育方法，最终达到将共性化教育转变为个性化教育的目的，为学生个性的健康发展提供足够的成长空间。

（七）开放性理念

现如今，我们正处在一个空前开放的时代。科学技术高速发展、日新月异，为我们的生活带来了便利，也让我们的世界逐渐成了一个联系更加密切的有机整体。一种全方位开放式的新型教育打破了传统教育的封闭式格局。这种新型教育从教育资源、教育内容、教育目标、教育观念、教育方式、教育过程和教育评价等方面全面取代了传统的封闭式教育。

（1）教育资源的开放性，即充分开发、利用一切可以利用的教育资源以服务于教育活动，激活教育实践。这些教育资源可以是现实的、物质的、传统的、民族的，也可以是虚拟的、精神的、现代的、世界的。

（2）教育内容的开放性，即所设置的教育教学环节和课程内容要面向未来、面向世界、面向现代化，要消除教材内容封闭僵化的弊端，使教育内容变得新颖、开放、生动，而且更具有包容性。

（3）教育目标的开放性，即教育应该不断地开启学生的心灵世界，激发学生的创造潜能，不断地提升学生的自我发展能力，不断地拓宽学生的发展空间。

（4）教育观念的开放性，即一个民族的教育要广泛汲取世界上所有优秀的教育思想、教育理论和教育方法。

（5）教育方式的开放性，即教育走的道路应该是国际化的道路、产业化的道路和社会化的道路。

（6）教育过程的开放性，即教育要从学历教育拓宽到终身教育，要从课堂教育延伸到实践教育和信息网络化教育，要从学校教育拓展到社区教育和社会教育。

（7）教育评价的开放性，即改变单一文本考试这一传统的教育评价模式，建立多元的教育评价体系，使教育评价机制更富有弹性。

（八）多样化理念

现代社会所处的时代是一个多样化的时代。高度分化的社会结构、复杂多变的社会生活和多元化的价值取向使教育的发展趋势也呈现出了多样化的特点。首先，教育多样化体现为教育需求多样化。现在经济社会发展十分迅速且千变万化，所以对人才的各方面要求必然会随着社会的发展而变得多样化。其次，办学主体、教育目标和管理体制等也体现出了多样化趋势。最后，教育的形式和手段也变得灵活多样，教育质量和人才质量的衡量标准也逐渐变得弹性化、多元化。以上这些都表明，相关部门或教育机构在管理教育教学过程和设计教育教学活动时，会面临更多的挑战。多样化理念要求相关部门和教育机构根据不同的办学层次、不同的办学类型、不同的管理机制柔性设计与管理教育教学活动。

（九）生态和谐理念

在大自然中，植物、动物、微生物等都无法离开良好的生态环境而自由生长。当然，人也一样。而且社会生态环境对人的成长的影响是十分重要的，只有宽松和谐的社会生态环境才能促进人才的健康成长。现代教育主张将教育活动作为一个有机的生态整体。从教育活动的内部条件来说，这个整体的和谐性体现为教师与学生的和谐相处、课堂与实践的有机统一、教育内容与方法协调一致等；从教育活动的外部条件来说，这个整体的和谐性体现为教育活动与整个育人环境的协调统一，教育活动与文化氛围的亲和融洽等。现代教育要求教育者在教育的每个环节都要营造融洽、和谐的氛围，以形成完整统一的教育生态链，让人才健康成长所需要的养分、土壤等各因素之间产生和谐共鸣，最终达到生态和谐地育人的目的。因此，现代教育倡导的是和谐教育，追求构建有机的生态教育环境，在整体上努力做到教学育人、管理育人、环境育人等，为人才的健康成长创造出最佳的生态环境，以促进人才的生态和谐发展。

（十）系统性理念

随着知识经济和学习化社会的到来，现代教育也实现了终身教育。对个人来说，教育都是其一生中最重要的活动之一；对国家来说，教育是国之大计、党之大计。因此，教育不仅仅是学校的事情，也是整个社会进步与发展的大事；教育不只是为了提高个人素质，更重要的是提高整个国家的国民素质；教育不仅是满足个人精神文明需求的活动，更是国家精神文明建设和"两个文明"协调发展的战略性大业。教育是一项复杂的社会系统工程，由多方面的各种要素组成，涉及多个部门、多种行业，因此想要搞好教育，就必然需要整个社会全员参与，共同奋斗。我国正在形成的社会大教育体系，与传统教育体系明显不同，它以系统工程的理念为指导，进行统一规划、统一设计和一体化运作。它的目标是培养学生的自主学习能力，提高学生的生存发展能力。它主张在社会系统内部各部门和各环节协调运作的基础上，完成健全教育社会化网络的工作，并把该工作作为构建教育环境工作的中心，进而促进大教育系统工程的良性运转。

第二节 高校教育教学管理

一、高校教育教学管理的内涵

高校教育教学管理与高校教育密不可分。高校教育教学管理是指管理者组织教育队伍，对高校教育资源进行合理配置，从而高效实现高校教育目标的活动。具体而言，其表现为高校教育管理者施于高校教育管理对象的一种活动。

从概念范畴来说，教育是对高级专门人才进行培养的一种活动。它的对象是受教育者；它的目的在于发展受教育者的身心，并根据社会的不同要求，培养出对社会有用的人；它的过程是在教育者有目的的指导下，使受教育者积极主动地学习基础文化知识、掌握基本的学习和生活技能，使他们的个人能力得到发展和提高，使他们个人素质得到增强，最终形成良好的思想品德的过程。除此之外，此概念范畴也包括高校的科学研究活动。而教育教学管理的对象是教育资源，其目的是合理调配有限的教育资源，其过程是对教育教学管理活动进行计划、组织、指挥、协调和控制等，以实现教育教学管理目标的动态过程。教育教学管理活动不仅组织、协调、指导着教育、教学、生产、科研等活动，并为这些活动的开展提供丰富的资源、创造良好的环境，而且将各种资源和内外部条件有效地结合起来，让它们最大限度地发挥作用。

通过上述的比较可知，高校存在着三种活动，即教育活动、科研活动和组织教育科研活动的管理活动，与之相对应的是三种过程，即教育过程、科研过程和管理过程。就三者的关系来看，管理过程与教育过程、科研过程是不同的，却是密切相关的。在高校教育教学工作中，教育过程一直处于中心地位；科研过程有时可以说是教育过程的一部分，与教育过程是相互配合、相互补充的；管理过程是对教育、科研等活动进行组织并提供相关服务的过程，为的是保证教育和科研活动的顺利进行，并实现最终目标。

教育教学管理要遵循教育规律。能够反映出教育规律的教育理论对于高校教育管理实践有重要的指导作用。其实，管理本身也是一种实践活动。它与三大实践活动（科学实验、生产实践、社会实践）共存，并且对三大实践活动产生影响。脱离了三大实践活动的管理没有任何意义；三大实践活动脱离了管理，也不可能有序地进行，并取得成效。与其他一般社会活动的管理相同，教育教学管理也是有自身规律的。教育教学管理的规律不能被教育规律完全替代。也就是说，高校教育教学管理者除了要掌握教育规律，还要研究教育管理的规律，更不能把教育管理理论与教育理论看作同一种理论。平常大家常说要遵循教育规律办事，这里的"事"更多地是指教育教学管理活动，当然也包括教师的教育实践活动。

二、高校教育教学管理的特点

通常情况下，管理要解决的矛盾是资源和目的二者之间的矛盾，注重的是将有限的资源进行合理分配，以最大限度地获得更大的效益。这是管理区别于其他活动的特殊属性。而合理协调、配置和使用有限的教育资源是教育教学管理的任务，因此教育教学管理也具备了这一特殊属性，但是这也仅仅说明了它具备一般管理所具有的共性。而高校教育教学管理的本质，即高校教育管理过程中各类矛盾的特殊性，才是高校教育事业宏观管理的基础和条件。因此，高校教育教学管理理论的研究，应着眼于高校管理活动的特点分析。

（一）高校教育教学管理目标的特点

培养人才和取得科研成果是高校教育的主要任务，具有很强的学术性。因此，与一般管理相比，高校教育教学管理的目标具有特殊性。

1. 以高校教育目标为主要制定依据

任何社会实践活动都有其预期目标。高校教育的目标是保证培养的人才的数量与质量，提高人才的品质与学术水平。而高校教育教学的管理目标是充分利用现有的教育资源，培养出数量更多、质量更好的专门人才，创造出数量更多、作用更大的科研成果，进而取得更加良好的效益。因此，高校的教育目标是高校教育教学管理目标的主要制定依据，这也是高校教育教学管理目标最主要的特点。这个特点要求在制定高校教育教学管理目标时，高校的各位管理者必须优先考虑用有效的管理来计划、组织教育活动，从而实现教育目标。此外，想要做好高校教育管理、实现最终的教育目标就必须制定明确、科学的管理目标。

2. 方向性特点

方向性是各种管理都具有的共性，高校教育教学管理也不例外，其目标方向性也十分明显,并且深受传统文化影响。因为培养人才是高校教育的主要任务,所以高校教育教学管理比一般管理的方向性更强。一方面,培养人才是受一定的政治观念和价值取向支配的有意识的活动。高校教育采用什么样的教学方法,确立什么样的教育目标,选择什么样的教学内容,最终使学生形成什么样的价值观等都与人的思想和意识有着千丝万缕的联系,而且这些都受各国传统文化的影响。基于此,高校教育教学管理者要使教育目标与国家其他部门所确立的目标相一致,要确立政策允许的符合实际的教育目标。另一方面,高校教育要服务于经济和社会发展。因为教育周期相对较长,所以人才培养计划必须超前安排,才能更好地适应经济和社会发展的需求。

3. 社会效益性特点

与一般管理一样,高校教育教学管理的目的也是提高效率和获得更好的效益。要想提高高校教育教学管理的效率,高校教育教学管理者必须要充分考虑到高校教育工作的特点,充分调动教师工作的积极性、学生学习的积极性与主动性,依靠这些教育活动的参加者有效地管理教学和研究活动。

(二)高校教育教学管理对象的特点

教师和学生是高校教育教学管理的主要管理对象。在高校教育系统中,教师是主导性成员,学生是主体性成员,他们有着各自的特点。

1. 教师的特点

教师是以掌握专门知识为标志的群体。在对教师进行管理时,管理者应注意他们的心理活动和以脑力劳动为主的集体生活特征,使管理方式与他们这些特征相匹配。同时,教师面对的学生都是具有主观能动性的有意识的个体,因此,教师既是被管理者又是管理者。

2. 学生的特点

在管理学生时,管理者要明白学生的身心发展是分阶段的,而且各个阶段有不同特征,因此要注意采取与他们各个发展阶段的特征相符合的管理方式。教育过程和管理过程深受学生主动性的影响。学生在被教师塑造的同时,又参与了自身的塑造和研究活动。从这个角度来讲,学生不仅是教师的管理对象,也是学校的管理对象。而且,从提倡加强学生的自我管理这个意义上说,学生也是管理者。

高校教育教学管理能否合理配置财力、物力等教育资源，与教师和学生自身以及他们的工作和学习有着密不可分的关系。因此，调动教师和学生内在的主动性和积极性，并且创造有利于他们独立思考的环境，提供有利于他们自由发挥的条件，是高校教育教学管理的一个相当重要的任务。

（三）高校教育教学管理活动的特点

1. 学术性特点

高校教学、科研是分专业、分学科进行的。传授、创造和应用知识是教育教学管理的基本职能。学术水平和应用价值可以用于衡量高校所培养的各类专门人才和高校取得的各种科研成果的质量。教学活动和科研活动的媒介都是知识。也就是说，在高校教育系统中，知识材料，特别是高深的知识材料都处于核心位置。此外，在高校教育教学管理活动中不仅有行政管理，还存在大量的学术管理。学术管理与行政管理有着不同的规律和特点，但是学术管理和行政管理又经常交织在一起，很难严格区分开来。

2. 人际交流特点

一般的管理都重视管理者与管理对象之间的相互交流，重视人的因素和行为。在高校教育教学管理过程中，人的因素也起着十分重要的作用。因为这一管理过程是管理者、教师、学生三者之间相互交流的过程。教师要充分地了解学生，用恰当的方式启发学生思维，使学生积极主动地学习，才可能产生良好的教育效果；师生之间要加强交流，才有可能共同进步；管理人员必须加强与各专业和各学科教师之间的交流，才有可能进行有效的学术管理，进而达到良好的成效；管理人员与学生之间要经常相互交流，才有可能获得对方的理解和支持。可见管理者在高校教育教学管理过程中要十分重视人的因素。

3. 综合性特点

高校教育过程是十分复杂的，具有综合性的特点。众所周知，高校中有很多个专业，但无论是什么专业，都要体现出德、智、体、美等多方面的综合素质要求。高校教育的根本任务是培养人才，但是除了这一根本任务，高校教育还要开展包含多种社会职能、涉及多个不同方面的工作，如科学研究工作、传播社会主义精神文明工作等，有时各项工作之间既相互联系又相互制约。以上这些就要求管理者在管理工作中要善于调动相关人员的积极性，要通过集体的力量推动高校管理活动有效运行；此外，还要注意从整体上综合地分析和处理问题，防止出现"按下葫芦浮起瓢"的现象。

4. 管理过程难以控制的特点

高校教育管理过程还有一个特点是难以控制，主要体现为以下三个方面：一是高校教育工作的周期相对较长，管理效能有滞后性，管理工作即使出现失误也难以及时地进行反馈。二是教育工作的具体过程很难控制，因为教师的工作方式具有很强的独立性。三是虽然学生培养有一定的质量标准，但与物质产品相比，学生很难定型化、标准化，而且社会供需变化和社会环境等对学生的质量也有很大影响。学生的质量要经过很长一段时间才能得到真实的反映，很难得到检验。更何况学生具有很强的可塑性，每个学生的性格、思想等也千差万别。因此，管理者在管理过程中要注意因时制宜，采取有利于教师因材施教的管理措施。这又大大地增加了管理控制的难度。

三、高校教育教学管理的原则

（一）高效性原则

高效性原则直接体现了高校教育教学管理本质，也是高校教育教学管理的具体化表现。它要求用最少的高校教育教学资源，培养出更多合格的高级专门人才，取得更多的高水平的研究成果。这一原则揭示了良好的办学效益就是高校教育教学管理所追求的目标，主要体现在经济效益和社会效益两个方面。高校教育教学所培养的人才和取得的研究成果是否对社会、文化、经济等的发展起到最大的促进作用，高校教育教学在实施过程中是否能实现各种资源利用最大化、资源浪费最小化，这些应该作为办学效益的评判标准。保证提高办学效益的前提条件是，在确定总体发展规划、设置具体专业、聘用相关人员等诸多方面，高校教育教学必须要有足够的灵活性和活力。

（二）整体性原则

整体性原则可被理解为，在充分考虑到各种社会环境因素影响的情况下，围绕培养人才这一中心科学地组织各种工作，使它们有效地配合起来。

整体的功能大于各个部分之间的总和是高校教育系统最大的特点。在实际管理工作中，局部和全局之间经常会发生冲突。有时候从某一个部分来看，确实能产生一定的效益；但是从整体来看，损失远远超过局部产生的效益。因此，我们一直强调局部应服从整体。人只有在有具体目标时才会发挥自己的潜能，也只有在达到这个具体目标后，才会获得成就感和满足感。

与一般系统一样，高校教育系统中没有任何一个人或组织可以不依赖其他的人或者组织，而单独满足自身的需要。一种合作行为如果没有管理目标做指导，那么这种行为就没有管理的整体性。因为社会与组织的分工不同，所以高校教育系统中各个工作目标也各不相同，但它们都依赖于高校教育总体目标，并在总体目标的指导下相互配合。整体性原则的体现方式在不同功能的组织中也是各不相同的。通常，经济组织一般以功利性为主，强调竞争；军事组织以强制性为主，强调服从。

（三）民主性原则

高校教育领域人才济济，师生思想活跃，追求和强调学术自由。从本质来讲，高校的教学和科研活动都是学术性活动，而这些活动不可能离开民主与自由而得以顺利开展。

承认个人价值是民主的基础。因此在学校重大事件的决策过程中，每一位师生都有权利发表自己的意见。领导和组织必须以听取师生意见为前提，依据科学的程序做出恰当的决定。这也是学校民主的体现。民主与公正是密不可分的，人们在享受公正待遇的同时也在享受着民主。高校教育教学管理者要做到公正，就要建立严格透明的规章制度，平等待人，不徇私舞弊，接受民主的监督。

民主性原则要求高校教育教学管理者在高校教育教学管理中制定决策、执行决策，检查决策执行情况、评定决策执行结果都要充分发扬民主精神。

（四）动态性原则

动态性原则是指高校教育教学管理者在高校教育教学管理活动中必须要根据不同的情况，采取不同的措施进行动态调节，从而使高校教育教学具有一定的适应性和针对性。为了在动态的环境中保持协调发展，动态性原则十分重视高校教育教学管理的创新与发展。高校教育教学承前启后的社会职能决定了其工作不仅仅具有稳定性和继承性，还具有发展性和创造性。在高校教育教学管理中，高校教育教学管理者应该在相对稳定的前提下把握发展，在运动发展的过程中寻求稳定。

动态性原则要求高校教育教学管理者必须重视旧体制、旧办法的改革。但改革的前提是基本不打乱教育稳定性。任何改革的稳定性都是相对的。不过，有必要的改革有一定的标准：改革不能脱离实际，必须与实际相贴合，必须适应社会的发展需要；学校的教育目标、管理政策、发展计划等要具有灵活性。只有这样，改革才能顺利进行。为了保持管理系统的稳定性，改革一定要遵循循序渐进的原则，不能冒进，不能急于求成。

（五）导向性原则

导向性原则是指管理者用管理手段引导所有组织成员向已经确定的目标持续努力。管理者制定的各种方针政策、采取的各种工作措施、营造的工作氛围等都具有引导作用。

从政治导向上来说，导向性原则的主要依据是高校教育教学管理的两重性规律。其中，两重性指的是自然属性和社会属性。自然属性表现为普遍性、共同性和技术性，该属性决定了我国高校教育可以按照对外开放政策，学习先进的科学技术和管理经验；社会属性表现为历史继承性和政治性，该属性决定了在借鉴各个国家的教育管理经验时，不能全部照抄照搬，一定要考虑不同的社会形态。一个国家的高校教育必然会受到这个国家政治制度的影响，而且一定会在管理上有所反映。在阶级社会中，各个国家之间的社会活动都被深深打上了阶级的烙印。国家的教育方针已经十分明确地规定，高等教育活动培养的人是传承和发展国家及民族文化的接班人和建设者。从宏观的角度看也好，从微观的角度看也好，对于一个国家或民族来讲，高等教育应该是育人的方向性放在首位。

（六）依法管理原则

《中华人民共和国高等教育法》是指导和约束中国高校教育活动的根本大法。《中华人民共和国高等教育法》总共八章，全面规范了高校教育活动。

从管理体制来说，全国高校教育事业由国务院统一领导和管理。各个省、自治区和直辖市的人民政府负责管理主要为地方培养人才的高校和经国务院授权给地方管理的高校，还负责统筹该行政区域内的高校教育事业。国务院的教育行政部门主要负责管理全国高校教育工作和国务院确定的主要为全国培养人才的高校。国务院的其他有关部门在规定的职责范围内，负责相关的高校教育工作。

依法管理的原则，指要依据法律及教育行政主管部门制定的法规，来规范高校教育活动。从高校教育教学管理来讲，依法管理原则要求依法治校，建立健全各种规章制度，依法行政，并通过制度来规范管理者的行为。

四、高校教育教学管理的改革发展

随着改革开放的深入发展，大学致力于由传统教育向素质教育转轨，以"以人为本"的指导思想弘扬现代人本主义的管理理念。当代高校教育教学管理为适应这一教育改革趋向，也致力于自身理论的大胆探索与实践。针对高校教育教学管理的现实问题，我们要着力分析当代高校教育教学管理改革的必要性和改革途径，从而使高校教育教学实践有更好的理论指导。

高校的中心工作是教学工作，大学发展的生命线是教学质量。在高等教育迅速发展的今天，经济、社会等不断变化对于保证和提高高校教育教学质量都提出了新的挑战。因此，高校教育教学管理改革就显得十分必要。

随着教育改革的不断深入与发展，现代教育理念也随之不断变化与更新。而现行教育的新理念有三种，即创新教育、终身教育和素质教育。高校是素质教育和创新教育理念实践的主体；而终身教育是针对现代的知识性社会性质而言的，无法在学校教育阶段实践。现代教育的新理念适应了现代教育培养复合型人才的要求。但是，因为这种理念实施的不利因素是现代教育的管理模式。所以对于现代教育新理念的实施而言，探寻现代教育管理的适应模式具有重要意义。

实施创新教育是历史的必然，而我国在实践落实创新教育的过程中存在着一些困难也是客观事实。通过教育教学管理改革推动创新教育的全面实施，主要有以下几种措施：一是加大宣传力度，树立创新教育意识，走出"高分高能"的认识误区。二是转变教育观念，树立"以学生发展为本"的教育教学观。三是优化课程结构，注重课程设置的综合化、多样化。四是丰富课堂教学。这是实施创新教育的主渠道。五是改变教学组织形式和方法，鼓励学生创新思维，发展学生的创新个性。六是实行开放教育，通过各种活动，培养和开发学生的创新能力。七是改变重知识和智育的单一评价模式，树立弹性、多元的教学评价观。

（一）高校教育教学管理观念的改革

在高校教育教学管理工作中，"以人为本"既是一种价值观，又是一种方法论。它对指导教育教学管理具有以下几种意义：一是教育的产生和发展是社会发展和人自身发展的需要。社会和人是教育的主体。二是推动人类社会的延续和发展是教育工作的最终目的。而这个目的是通过培养社会所需要的人来实现的,从而决定了教育活动的中心是人。三是只有全面提高人的综合素质,才能培养出社会所需要的人。所以高校教育教学的职能就是把学生培养成为具有主体精神与创造力的人。

1. 由"以事为本"转变为"以人为本"

高校教育教学管理贯彻的"以人为本"的思想应以面向基层、教学活动与服务对象为原则。因此,任何一项教学管理政策、制度、措施的实施都要以此为前提,以促进教师教学活动的自主性与创造性、学生学习的主动性与积极性,进而培养学生的实践能力和创新精神,最大限度地发挥人的创造性和主动性。所以,以"人"为中心应成为当代高校教育教学管理的观念。采取参与式、民主式的管理方式,切实保障教师参加教育教学管理工作、参与审议学校的重大管理措施的权利,从而为高校教育教学管理提出意见和建议,有利于高校教育教学管理工作的顺利开展,保证教学质量。管理者与被管理者之间存在着双重关系,即工作关系与人际关系。前者强调责任,后者强调感情交流。在高校教育教学管理过程中,管理者应保持这两种关系的平衡,对被管理者既要考虑人际关系,互相关爱、增进感情;又要注重工作关系,坚持原则、恪尽职守。

2. 坚持"教师主导,学生主体"的教学原则

在"教师主导,学生主体"的教学原则中,以学生为主体强调的是在学习过程中,以学生为认识的主体,以学生的思维活动为主体,以学生的认知过程为主体。因此,教学活动的最终成效是以学生学到了什么而不是老师教了什么,以及对提高学生素质产生了什么影响为主。这一教育思想的重大转变,实质上也是"以人为本"思想在教学管理过程中的重要体现。以学生为主体,要求教学的目标应为开发学生自主性、创造性学习的动力;教学的形式由组织传授灌输式教学转变为组织参与式教学;教学活动的评价标准由以教师传授、学生接受知识的效果评价转变为以培养创新精神与实践能力的效果评价;考核的目的由单纯检验学生对于知识的掌握情况转变为检验与培育学生的实践与思维能力、创新意识;大学生毕业的就业与创业教育应更多地体现在促进新的经济增长点、培养学生自主创业的开拓精神上。

（二）高校教育教学管理模式的改革

高校教育教学管理模式的改革要求严与宽并存，既要严格要求、明确规章制度、不因人而异，又要进行弹性管理，培养创造性人才。所以，教师在教学管理中要处理好严谨与灵活的关系，为学生的个性发展提供充足的时间和空间，营造宽松良好的环境氛围，便于学生创造性思维的形成与发展。与工业经济时代"标准化"教育的"刚"性管理相比，当代教育是一种建立在鼓励创新型教育基础上的、有较高理论水平的"柔"性管理。因此，现行的教学管理模式的改革，主要是对"刚"性教学管理制度进行改革。在深化教学改革中，教师需要发挥很大的作用。因此，高校管理者必须鼓励教师积极参与教学管理改革。

当前，各高校都开始采取增加选修课、主辅修制、第二学位、学分制等措施，使人才培养模式呈现多样化。但是，存在的矛盾是现有的学时不变，学生没有时间精力选择学习自己感兴趣的课。学分制虽然为学生创造了多方面的学习条件，但是专业课的课程安排紧凑，使学生没有时间超前修课。现在，虽然国家淡化了专业种类，拓宽了专业口径，但是在具体实施过程中仍然有较强的"专业性"，学科交叉的目标还是可望而不可即。因此，改革现有的教学管理制度与方法是教学管理改革的突破口。

（三）高校教育教学管理系统的改革

先进教学思想观念得以应用到人才培养模式中主要得力于高校教育管理部门的有效组织和协调。例如，高校教育教学管理部门的重要任务就是制订人才培养计划，其遵循的原则应是符合培养创造性人才的要求、协调各方面的关系。这对深化教育教学改革有着举足轻重的作用。在改革教育教学内容的同时，高校也不能忽视教学方式的改革。从教学评价上说，传统教育采取的是以传授知识为主的教育模式，这种教育模式是不容易培养学生创新精神的。因为培养实践能力和创新精神的教育需要运用讨论式和启发式的方法，让学生将动手与动脑结合起来，发掘其独立思考、自主学习、发现提出并解决问题的潜力。

所以，高校教育管理部门需要运用现代教育观念诊断教学，激发教师教学改革的积极性，重新制定教师教学的评价标准。另外，高校教育教学改革的经费应主要用于创新教育，为提高学生创新意识水平和实践能力服务。传统人才培养模式的重点在于教师教导，而创造性人才培养模式的重点是学生学习。因此，高校教育教学管理既要做好教的管理，又要注重学习管理，加大对学生学习的管理力度，重点应关注学生学习的方法、态度、习惯、效果和风气等。在人才评价标准方面，传统人才培养模式总是把听话、懂事、学习好作为好学生的评价标准。标准单一机械，往往会压制学生的个性发展，扼杀其创新精神。因此，高校教育教学管理应正确对待学生，鼓励学生的个性发展。为学生发展个性、培养兴趣爱好、开发潜能、培养创新精神和创造能力提供条件是高校教育教学管理的责任。因此，高校应建立有利于学生和教师创造性发挥的科学评价体系和评价方法。

第二章　高校教育教学中的质量管理创新

高校处于教育链条的末端，其培养出来的人才将会直接接受国家、社会、岗位以及人民的检验。反过来说，高校的教学质量将会直接影响到人才的培养质量。

第一节　高校教学质量管理概述

一、教学质量管理的内涵

教学质量管理实质上就是管理教学质量形成的全过程和各环节，把有关人员组织起来，把影响教学质量的各种因素控制起来，以保证在教学质量形成的过程中不出差错，或少出差错，逐步提高教和学的质量。所以，实行教学质量管理是提高教学质量的重要保障。有些管理者习惯把考试当成教学质量管理的主要手段，这是由来已久的一种误解。教学质量不是考出来的，而是教出来的、学出来的。管理者应将教学质量管理的重点放在平时形成教学质量的全过程和各环节上，而不应当放在考试上。

教学质量管理主要有以下内容：

第一，管理者应进行宣传教育，做好思想工作，充分发挥全校教职员工的聪明才智，提高他们的质量意识，使人人关心教学质量、个个参与质量监督，认真负责地做好质量管理工作。

第二，管理者应建立和健全教学质量管理体系，组织所有与教学质量相关的人员进入教学质量管理系统。每个人都应充分履行自己的岗位职责，充分发挥自己的岗位职能，使上下左右信息渠道畅通。

第三，在每学期开学之前，管理者应根据上一学期的经验教训，采取上下结合的方法，提出新学期的要求或目标，实施相应的计划。

第四，管理者应检查各职能部门、各教研组、各班级的实施情况，控制和调节影响教学质量的各种因素。

第五，管理者要充分了解和掌握教学质量的情况，用数据说话，不能停留在用生动的和突出的事例来说明问题的水平上。

二、教学质量管理的类型

（一）预防性质量管理

预防性质量管理主要指高校通过抽样检查，及时了解教师备课、上课、批改、辅导的质量，及时了解学生预习、听课、复习、作业的质量，从中发现和解决问题，及时总结经验并推广。预防性质量管理是稳步提高教学质量的一种可靠的保证，这种管理既可以防患于未然，又可以防止和减少教学中的倾向性问题发生。

（二）鉴定性质量管理

因为鉴定性质量管理是管理者到了一定阶段后所进行的质量检查和质量分析，所以又叫阶段性质量管理。比如：在新生刚入学后，有的高校会进行摸底测验或编班测验，及时了解学生在上一个学段完成学习任务的情况，并及时进行补缺补漏的做法，就属于这种管理；有的高校在每个学年对学生德、智、体、美等的发展情况进行全面的分析评定，做出升留级的决定，并且总结这方面的经验的做法，也属于这种管理；对毕业班学生德、智、体、美等方面的发展情况进行质量检查和质量分析，总结经验的做法，也属于这种管理。

（三）实验性质量管理

在教学质量管理过程中，许多做法都要经过科学研究和科学实验，只有被证明是切实可行、行之有效的，才能被逐步推广。这样做，不仅能够让管理者提高自觉性，减少盲目性，学会按照客观规律办事，而且可以防止挫伤师生员工积极性的情况出现。如果管理者见到新方法不经过研究和实验就直接拿来用，很有可能会在实施过程中出现各种问题，从而造成资源和时间的浪费。

三、教学质量管理的原则

(一) 坚持以教学为主

新中国成立以来的实践证明,坚持"以教学为主"的原则是符合普通教育工作规律的。1953年,教育部提出"学校以教学为中心",高校坚持以教学为主,全面发展学生德、智、体、美等方面,逐步提高教学质量,培养出了一大批人才。1958年,我国进行"教育革命",高校发展受到了干扰,教学质量就明显下降了。1959年,我国重新提出"学校以教学为主",之后又进一步总结经验教训,制定了大、中、小学的工作条例,继续贯彻"以教学为主"的原则,教学质量又有了显著的提高。

高校以教学为主是由高校本身的性质、任务决定的。教学是高校的根本任务,就像生产是工厂的根本任务一样,否则高校就不能被称为学校了。高校的这种性质、任务,决定了教学工作是学校工作的中心,是处理矛盾、全面安排工作的出发点和落脚点。当然,坚持以教学为主,并不是一件轻而易举的事情。高校必须端正办学指导思想,提高科学管理水平,改进工作作风和工作方法,才能切实做到这点。

要做到以教学为主,就要使全体学生德、智、体、美诸方面都得到发展,提高教师的思想水平、业务水平和教学法水平,充分发挥教师的主导作用和提高学生的学习积极性等。

(二) 坚持实事求是

"实事求是"是做好工作必须遵循的一项重要原则,也是高校实行科学管理的一项重要原则。在高校管理工作中,一些高校领导存在着"重经验,轻理论"的问题,进而阻碍了科学研究和科学实验广泛深入地开展。只有将这个问题解决了,高校领导学习科学理论并用以指导高校管理实践的自觉性才会提高,工作的盲目性才会减少;只有将理论同实践结合在一起,才能从实际出发,找出周围事物的内部联系。

(三) 坚持思想政治工作优先

高校领导是师生员工的带路人。一所学校能否按照党中央和国务院指引的方向前进,成为社会主义精神文明基地,要看高校领导能否做好思想政治工作，能否对于来自校内外不良影响采取有力措施加以遏制。近些年来在教育质量管理过程中，一些高校出现了重视文化成绩，忽视学生德、智、体、美全面发展的倾向；重视知识传授，忽视发展能力的倾向。在教学质量管理工作中，高校领导应该明确思想政治工作的地位和作用；应该明确在新的历史时期加强思想政治工作的重要性；也应该明确，在学校里，思想政治工作不能离开以教学为中心的轨道而孤立地进行。因此，高校领导还要结合业务工作和日常管理活动进行思想工作。

第二节　高校教学质量管理体系的构建

一、构建高校教学质量管理体系的意义

（一）适应社会监督和评价，促进办学特色和个性定位

我国高等教育大众化以来，准确定位成为当前乃至今后高校个性化发展的前提和关键。高校不断扩大自主权后，通过办学质量和实力竞争择优录取考生，也促使考生根据自己水平选择学校和专业。这种发展现实必然促进国家主管部门定期对高校办学质量进行评估，向社会公布各高校的教育水平和专业特色，以供考生和家长参考。同时，教育是一个公共话题，高等教育大众化后社会就业问题不断严峻的事实也说明，高校要适应多样化人才需求，必须加强教学质量监控体系建设，以较高的人才培养质量来赢得社会和用人单位的欢迎。

（二）理顺教学管理体制，规范质量管理

自教育部启动五年一轮的本科教学水平评估工作以来，大部分高校都结合自身实际引入和嫁接诸如全面质量管理、ISO 9000 质量标准、系统分析等各种管理理论，建立了各种质量管理模式。但是，囿于统一的行政管理体制，高校教学管理体制一般在学校党政领导下，宏观上由学校教务处统筹把握，担当教学质量管理的主要角色，中观层面在很大程度上由各院（系）、部具体操作，而微观层面由专业教研室实际操作。从"科层制"角度来说，各院（系）与教务处属于同一级别，长期由于权限关系不清，难以有效发挥教学质量监控的功能。因此，建立教务处宏观统筹协调、各院（系）相对独立的教学质量管理体

系，既是理顺教务处与院（系）管理关系的需要，也是规范学校教学管理制度的必然要求。

二、构建高校教学质量管理体系的原则

（一）动态性原则

动态性原则是构建高校教学质量管理体系的基本要求。高等教育的发展是一个不断变化的动态过程。各高校应从本地区高等教育发展变化的实际出发，根据自身的现实情况，动态地构建高校教学质量管理体系。动态性原则是指构建高校教学质量管理体系必须根据不同的情况，确定和采取不同的措施、策略和方法，使高校教学质量管理体系具有针对性和适应性。

（二）发展性原则

随着社会不断前进，高等教育也在不断发展。因此，针对它而构建的高校教学质量管理体系也不能一成不变。有效的高校教学质量管理体系应根据环境的变化，针对社会发展变化做出及时调整，从而不断适应高等教育的发展。此外，高校教学质量管理体系还应该吸收国内外先进的技术和经验，及时反映出教学质量管理的新概念、新思想和新方法。只有保持先进性和超前性，才能使教学质量管理体系保持相对稳定性。

三、构建高校教学质量管理体系的途径

（一）建立多元的高校教学质量管理观

高等教育规模的不断扩大使高等教育普及化的进程越来越快。数量的增长只是大众化的表面现象，它带来的更深层次的变化是观念的变化和模式的创新。高校应在思想观念上主动转变，以积极的心态面对高等教育大众化阶段带来的挑战。高等教育大众化阶段的发展多样化促使高校教学质量管理观和高校教育目标向多元化发展。所以，管理者必须在思想观念上及时转变，将封闭的内向型思维转变为现代开放的国际型思维。为了形成多元化的高校教学质量管理观，管理者应主动进行高等教育的理论与实践研究，从而使多元化的高校教学质量管理观得到确立，避免用一种质量标准去衡量所有高校活动的质量。

（二）建立完善的高校教学质量管理体系

高校主要通过建立完善的教学质量管理体系来保障教学质量。高校应树立牢固的质量意识，建立教学质量管理体系，充分发挥管理体系的作用。所有外部的评估与监督措施要达到对高校教育质量应有的保障效果，就离不开高校自身的教学质量管理体系。所以，关键是要建立起完善的高校教学质量管理体系。

（三）建立国际高校教学质量管理体系经验吸收观

我国高校必须借鉴国外的成功经验，加强国际交流与合作，建立符合国际标准、具有中国特色的高校教学质量管理体系。经过多年的飞速发展，我国高等教育进入大众化阶段。质量是高校生存与发展的关键，所以，高校要重新审视高校教育教学质量问题，重新树立高校教学质量管理观，建立更加完善的教学质量管理体系。学校要想生存和持续地发展下去，大众化高等教育的规模扩大和发展就必须以保证质量为前提。也只有这样，大众化高等教育才有意义。高校应建立一套与现实背景相适应的多元化的综合性高校教学质量管理体系，从各个层次和角度确保人才培养质量，促进高等教育质量的提高，最终实现全面的、可持续的中国高等教育的发展之路。

第三节 高校教学质量管理的创新措施

一、做好标准化工作

（一）制定明确的教学质量标准

教学质量形成的全过程和各个环节中都必须有明确的质量标准，否则我们就难以准确衡量和评定教学质量的优劣程度，也难以准确地判定教学质量究竟是否全面地贯彻了党的教育方针，是否实现了管理目标。要实行教学质量管理，就要研究和制定评定教学质量优劣程度的标准。教师要按照教学计划、教学大纲和教科书的要求上课，并且在每个学年、每个学期、每个单元、每一节课的教学过程中和各个环节中去具体落实。

(二) 制定明确的学习质量标准

只有管理者明确了学习的质量标准,才有可能使学生明确每一学年、每一学期的学习任务和要求,从而主动地完成学习任务,完成学习目标。高校应研究并制定学生预习、听课复习、做作业等几个环节的标准,而且要严格检查,通过学习质量标准化的工作,调动学生的学习积极性,培养学生良好的学风。

(三) 制定明确的教学质量管理工作标准

教学质量管理的所有工作都要标准化。各项工作要有一个标准,这样管理者才能评定其优劣程度。标准应便于执行,便于检查。例如,管理者在制定实验室管理员的工作标准时可参考以下几点。

第一,仪器、药品、标本、材料、设备等账目清楚,制度健全,随手可查、可取。

第二,要分类编号各种仪器、药品、标本、挂图、材料,存放要有规律。试剂要有标签,要定点存放配套附件,要保持玻璃仪器清洁干净。

第三,能提前一周为实验课和演示实验做好必要的准备,协助教师上好实验课。

第四,做好保管、维修、安全工作。

标准要如实反映情况,不断修改,不断完善。无论是成功的经验还是失败的教训,都应该加以总结使其标准化。待下次再做同样的工作时,可直接按标准进行,借鉴成功的经验,防止再次失败。这样可使学校的工作条理化、专职化,简化管理工作,达到高效率的目的。

标准化既是质量管理的结果又是下一循环的起点。所以,全面质量管理从标准化开始,到标准化告终。如此周而复始,螺旋上升,逐步完善,整个学校就会出现欣欣向荣的局面。

二、做好教学质量督导工作

(一) 构建健全的督导体系

1. 确定合理的督导模式

我国高校应以促进教学质量的提高为重心,以发现问题为前提,以改革教学环节为途径，重新定位教学督导工作，重构与本科教学评估相结合的校二级督导管理机构，在二级学院成立院级督导小组，将教学督导工作重心下移，进一步强化各学院的自我质量监控功能，充分调动二级学院的积极性，发挥各学科专家在各自专业方面的优势，使督导工作更有针对性与实效性。

2. 健全教学督导体系

我国高校应进一步明确督导人员的责、权、利，提高教学督导在质量监控体系中的地位和作用，强化其督导功能。教学督导体系的建立和健全，是进行教学质量监督的重要前提。只有充分发挥教学督导体系的作用，才能使质量监控更加公平合理，并且取得良好的监督和控制效果。

（二）构建督导与服务相"融合"的体系

"导"是教学工作的重点内容，"督"是为了更有效地"导"。以"导"为主，以"督"为辅，"督"和"导"相融合才能使"导"具体到位，使"督"得到延伸和落实。督导人员要通过对教师工作的"督"，了解和掌握其不足之处，帮助他们解决教学中出现的问题，改革教学方法与手段，提高教学技能；督导人员要挖掘教师的潜能，帮助他们总结经验，形成个性化的教学风格。同时，校院两级管理部门要定期组织召开督导工作会议，索取建议，处理信息，解决督导中存在的问题，帮助督导人员提高工作效率与督导水平，以使其更好地服务于教学工作。

（三）加强督导队伍的专业化建设

学校要重视督导人员的整体素质。建立一支专兼职相结合，专业、年龄结构合理，素质良好的督导队伍是高等教育教学改革与发展的需要，也是高校提高教学质量的必然要求。高校要加强督导队伍的专业化建设，优化督导队伍的专业结构，应要求督导人员具有专业知识、专业技能和职业道德；建立有效的督导人员培训机制；明确规定督导人员的职责与职权；引导和鼓励督导人员加强理论与技术研究，提高其督导工作水平。总之，高校能否顺利构建及运行教学督导系统的关键在于是否具备一支高素质的督导队伍。

三、做好一支合格师资队伍的建设工作

教师是办好学校的主要依靠力量。建设一支有足够数量的、合格而稳定的

师资队伍,是提高教育质量的根本大计。

建设一支具有竞争力的高素质师资队伍,是保障高校教学质量的关键所在。因此,高校管理者必须全面提升师资队伍素质。此外,教学质量的提高与高校教学工作相关的所有人员都有着密切的联系,尤其是与教学管理队伍的人员素质紧密相关。

师资队伍是一所大学的灵魂,决定了学校的教学质量、科研活动质量、人才培养质量和社会服务质量,是一所大学的生命所在。提高教学质量和办学效果的根本在于抓好教师队伍建设。因为教学质量提升和师资队伍建设之间存在着密不可分的关系。

(一) 处理好教师观念与教学质量之间的关系

教师的教学行为对教学质量有重要影响,教育理念又是决定教学行为的重要因素。所以,管理者应首先引导教师改变教学观念、抓好教学质量。解决好"教师观"和"学生观"这两个方面的问题,是转变教学观念的关键。

重新定位教师功能和角色是转变教师观的重要方式。教师的教学目标究竟是对知识进行讲解和传授,还是通过引导学生进行学习,使学生的思维品质得到提升,是管理者必须深入思考的问题。

在传统的教学观念中,教师最重要的任务就是向学生传授知识,但学生在学习过程中易形成思维上的依赖感,往往会直接获取教师提供的知识,久而久之成了知识灌输的容器,而教师则成了知识的搬运工和讲解员。事实上,教师的角色是一个引领者,他们在学生的学习过程中起到引导、促进和帮助的作用。使学生学会学习、学会思考才是教师的教学目的。

当前的学生观主要强调的是在教学实践中尊重学生学习的个体差异,遵循学生的学习规律,为学生的学习能力的提高找到科学合理的方式方法。教师只有转变之前不科学的学生观,才能真正确立学生学习的主体地位。

此外,教师的观念转变,一方面需要相关的理论指导,另一方面需要教师不断地在自己的教学过程中进行反思,从而达到提高认识和转变观念的目的。

(二) 处理好课堂教学与教学质量的关系

教学质量管理工作必须深入教学第一线,否则难以收到实效,管理者也难以和教师有深入的切磋和交流,难以进行切实有效的教学指导,或者只是凭借考试结果进行评价,因而难以保证教学的质量和效果。管理者应组织教师不断研究和解决教学过程中出现的问题。

同时，管理者要引导教师结合自己的教学实践对一些给教学行为带来干扰的、似是而非的模糊认识进行冷静思考。

（三）处理好教学方法与教学质量的关系

教学方法对教学质量有影响是毫无疑问的。良好的教学方法有利于学生在更短的时间内掌握知识，在相同的时间内掌握更多的知识或更深刻地理解所学的知识。相反，如果使用的教学方法不恰当，尽管教师十分努力，学生也付出了很多的精力，但学生也无法有效地掌握所学知识。可见，探究教学方法对提高教学质量十分重要。因此，管理者要积极鼓励和帮助教师设计出个性化的教学方法。总之，教学方法和教学成效之间存在着某种密切的联系。这就要求教师要注重积累经验，分析这种相关性，确立检验成效的标准、内容和方法，通过考查学生自学能力，优化学生思维品质，切实保障学校工作的整体推进。

第三章 高校教育教学中的学生管理创新

第一节 高校学生管理概述

随着我国高等教育的不断发展,学校对学生"以人为本"的教育理念的不断深入,高校学生管理工作日益受到重视。

一、高校学生管理的内涵

高校学生管理是指高校的学生管理人员,通过对学校资源的计划、组织、协调及运用,来实现学生的培养目标的过程。高校学生管理涵盖学生事务、学生组织、学生教育以及学生行为管理,既是对学生的管理,又是对学生相关事务的管理。

根据教育部对高校学生管理工作的基本范围和领域的要求,本研究将高校学生管理工作的基本内容分为六个方面,如表3-1所示。

表3-1 高校学生管理工作的基本内容

类别	内容
学生思想政治教育工作	爱国主义教育、意识形态教育、主题教育、网络思想教育等
学生稳定工作	学生危机干预、学生稳定工作、学生安全管理、学生宿舍管理等
学生事务工作	学生奖励、学生惩处、学生资助、学生贷款、学生就业服务等
学生组织工作	党团组织、学生会组织、学生社团活动、学生班集体建设、网络阵地建设等
学生咨询辅导工作	学习辅导、心理健康辅导、职业生涯辅导等
学生工作团队建设	学生工作人员选、留、用等

从上述高校学生管理工作的基本内容来看，高校学生管理工作涉及学生在校期间学习以外的所有领域，是对学生全面的教育、管理和服务。

二、高校学生管理的特点

（一）价值取向的育人性

育人是高校学生工作的基本价值取向，其实质是通过高校学生工作的过程达到培养人、塑造人的目标。从我国高校学生管理工作的历史沿革看，我国高校学生管理工作在价值取向上，始终把育人放在首位，从早期改革开放以前把思想政治教育作为高校学生管理工作的唯一职责，到改革开放后加入了学生日常事务管理的管理职责，以及 21 世纪以来为学生工作提供各种成长发展指导的服务职责。虽然高校学生管理工作的内涵不断丰富，职能不断扩大，但是无论是对学生开展教育、实施管理还是提供服务的过程，在价值取向上都落脚于育人，将价值观教育、道德教育、法制教育和心理健康教育等育人内容融入这三个过程之中。

（二）实施过程的任务性

我国高校学生管理工作的实施过程具有明显的任务取向，是自上而下的，即各个学生工作主体通过逐层传导，将具体的工作以任务的形式传递到基层，最终面向学生开展各项工作。这种任务式自上而下的逐级传导性，既保证了高校能够及时领会、分解和落实党和国家针对高校学生思想政治教育的路线、方针和政策，同时又使得党和政府的各项优惠措施和资助政策能够及时且准确地惠及高校学生。

中华人民共和国成立后，高校学生工作职责范围虽然有所扩大，但是这种任务式的工作实施方式一直沿用至今。目前，在高校中，无论是高校学生思想政治教育，还是日常事务管理以及各种成长发展服务，绝大多数都是以一种任务式的形式实施，且对于高校学生而言，学校针对其开展的思想政治教育和日常管理，甚至是成长发展服务，都隐含着一种自上而下的强制力，比如统一上就业指导课，统一开展某一主题的团组织生活等。

（三）工作对象的全体性

所谓全体性，即我国高校学生工作面向全体高校学生，涵盖全日制在校的每一个高校学生。也就是说，所有高校学生，无论其性别、民族、生源地、家庭背景及身体状况等方面的差异如何，其在接受高等教育的过程中，均成为高校学生工作系统开展思想政治教育、日常管理与服务的对象。

全体性旨在将每一位高校学生培养成为社会主义事业的合格建设者和接班人。从价值取向而言，体现了育人工作，特别是思想政治工作的全覆盖。这一渊源在现今高校学生工作中就表现为工作对象的全体性。

从教育功能的实现而言，我国高校学生管理工作的全体性首先保证了我国高等教育的办学宗旨与目标能够贯彻并内化于每一个接受高等教育的个体；从管理职责的实现而言，全体性保证了我国高校学生工作体系的管理对象全覆盖的合法化，保证了高等教育的规则与纪律对全体高校学生具有规范与约束作用，既便于统一管理，又有利于保证全体学生在校期间的人身安全；从服务功能的实现而言，全体性保证了高校学生工作系统可以将国家针对高校学生的优惠政策以及高校为学生提供的各种服务性措施传递并惠及所有学生，保证每一个高校学生都能分享到我国经济社会发展给高等教育系统带来的红利。

（四）工作方式的经验性

所谓经验性，即与高校社会工作相比，我国高校学生工作的工作方式并非基于某种理论模型或理性的专业程序，而植根于工作人员在实践中的经验总结。同时，在学习方式上，也并非通过系统的专业教育与培训，而是通过个体之间的"传帮带"的形式实现。

我国高校学生工作的经验性不但是一种历史传统的传承，更是一种适应学生工作目标取向政治性的需要。经验性的工作特点体现在高校学生工作的方方面面。比如，与学生谈心的作用主要取决于学生工作者个人的工作年限、个人素质等；组织活动的效果主要取决于学生工作者的工作投入程度或是否善于思考与创新；学生事务管理的水平则取决于学生工作者的工作态度与责任心等；对学生进行更高层次的成长发展指导则是取决于学生工作者的个人生活工作阅历或是人格魅力等。

（五）问题归因上的偏差性

对学生产生行为偏差、违纪违规等问题的归因是如何去解决与应对这些问题的基础和前提。在我国高校学生管理工作的构架中，归因取向上的问题性是其一直沿用的归因方式，即将出现行为偏差、违纪违规的学生视为一个"有问题的人"，需要对"有问题的人"在思想道德上予以教育，在心理行为上予以纠正。在这种归因取向中，工作主体与工作对象的关系自然而然地呈现出一种上下级的教育关系，两者之间的对话过程自然而然地就成为一种主体对客体单向的道德灌输、思想灌输和纪律灌输的过程。就本质而言，"问题性"是对高校学生心理、思想与行为偏差归因的一种建构方式。

三、高校学生管理的构成因素

(一) 高校学生管理主体

1. 高校学生管理主体的定义

随着高等教育的发展，高校学生管理工作也面临着不小的挑战。要想做好高校学生管理工作，需要充分发挥高校学生管理主体的作用，以便更好地开展学生工作。研究高校学生管理的主体时，首先要了解其含义。

高校学生管理主体是指在高校运用特定的知识与技能而非单纯投入体力从事学生工作的组织及个人。高校学生管理主体是高校学生管理工作的发动者、承担者和执行者，它与高校学生管理对象相对应，是对高校学生起管理作用的主体。

2. 高校学生管理主体的组成

高校学生管理主体主要包含两类：一类是高校学生管理人员，主要承担、发动、组织、实施高校学生管理的个人，即个体施教者，如相关学校领导、相关教师、学生工作相关部门的工作人员等；另一类是高校学生管理人员群体或部门组织，主要是承担、发动、组织、实施高校学生管理的群体组织，即群体施教者，如学生处、心理健康教育中心、学生资助中心、就业指导中心等部门，如图3-1所示。

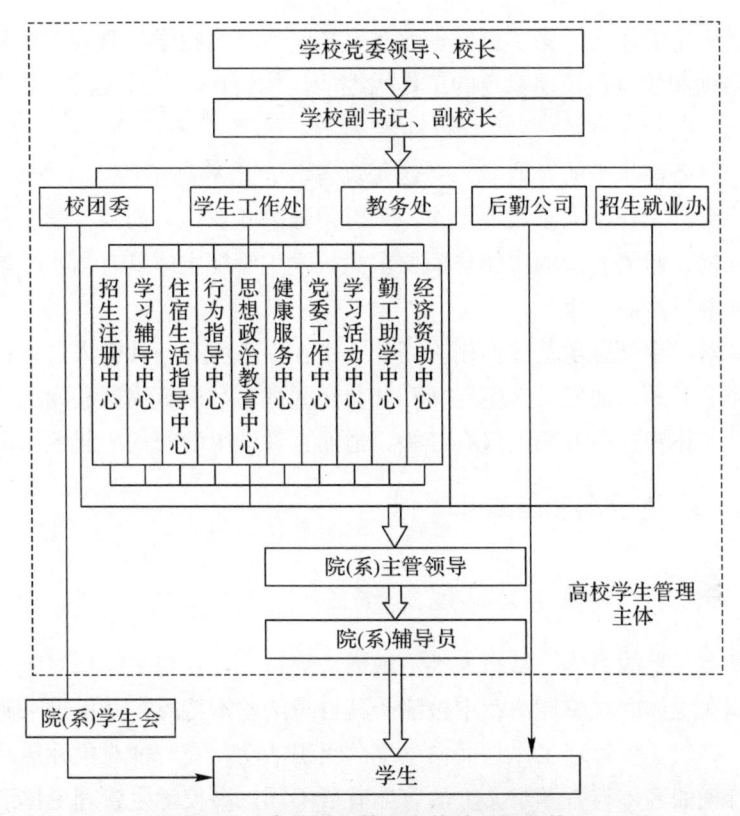

图 3-1　高校学生管理主体的组织架构

高校学生管理主体在高校十分重要,是发展最快的群体之一。其不同于一般的工作者每天重复着简单机械的操作,而是具备较强的学习能力,能在学习实践的过程中总结并创造知识,充分利用现代科技和知识提高工作效率。

3. 高校学生管理主体的特点

基于高校学生管理工作的复杂性、长期性、创新性和实践性的特点,高校学生管理主体具有以下特点。

(1) 自身具有主观能动性。其表现为高校学生管理主体的主动性、主导性、创造性。主动性,即能积极主动地开展高校学生管理工作;主导性,即在开展高校学生管理工作的过程中始终起到主导或支配的作用;创造性,即在高校学生管理工作中勇于探索、开拓创新,具备开拓精神与创新能力。

(2) 工作兴趣具有长期稳定性。高校学生管理主体的职责是规范、指导和服务高校学生。随着年龄的增长,学生的生活条件、知识水平、性格等存在很大的差异,且已经积累了一定的生活经验,他们的科学文化素养和抽象思维能力也有了一定的发展。为了更好地服务高校学生，高校学生管理主体需要进行长期的培训和学习，长期稳定的工作兴趣能让他们在学生管理的工作中实现自我价值。

（3）具备高水平的专业能力。这是高等教育培养高素质人才的必然需求。高校学生管理工作不同于其他工作，具有很强的专业性，而高校学生的需求具有高层次性，纷繁复杂的工作局面要求高校学生管理主体具有高水平的专业能力，从而胜任本职工作。

（4）对学生具有示范性作用。高校学生在由自然人向社会人过渡的过程中会遇到很多问题，他们的人生经历和社会经验远不足以解决这些问题，而高校学生管理主体在这些方面则很有经验，他们在和学生的交往中起着示范作用。

（二）高校学生管理客体

1. 高校学生管理客体的定义

哲学意义上的客体，是指人类主观活动的对象，是与主体相对应的客观事物。客体在主体的对象性活动中被赋予其自身的基本特质，并反过来制约着主体活动。高校学生管理工作是面向学生的组织活动，是一种对象性活动。但高校学生管理的客体与哲学意义上的客体有所不同，高校学生管理主体活动的对象是高校学生，而非哲学意义上的客观事物。其划分标准不是人与物的关系，而是人与人之间的关系。虽然高校学生管理的客体与哲学意义上的客体有所不同，但哲学思想在研究高校学生管理客体中仍有很重要的意义。

高校学生管理工作旨在规范、指导和服务学生。高校学生管理主体围绕着高校学生开展学生工作，其工作对象是学生，而与之相对应的高校学生便是高校学生管理工作的客体。

高校学生是高校学生管理工作的接受者和受动者，接受学生工作为其带来的教育影响，在与高校学生管理主体的合作中提高自己的思想政治素养和心理素质。高校学生也在一定程度上影响着高校学生管理主体的工作。作为有着健全思想的自然人，他们在社会化的过程中有着自己的选择，倾向于接受自身需要的教育影响。高校学生管理主体在工作中必须考虑高校学生的需求，改善自己的主体活动，以便更好地指导、规范和服务高校学生。

2. 高校学生管理客体的类型

学生是高校学生管理工作的客体，根据客体的基本信息，按照性别、年级、专业、成绩、性格等不同维度，可以划分为很多种类型。同时，高校学生管理客体还包括学生群体，如班集体、学生会、寝室等固定学生群体，以及学生社团、兴趣小组等非固定群体的各种学生组织。

3. 高校学生管理客体的特点

学生作为高校学生管理客体，具有显著的自身特点。

（1）具有客体性。表现为高校学生管理客体的受动性、受控性和可塑性。受动性是指高校学生管理客体——学生是高校学生管理主体的作用对象，必然要接受高校学生管理主体施加的教育及影响；受控性指的是学生始终受到高校学生管理主体的主导、支配和调控；可塑性指的是学生在学生管理工作的教育影响下，综合素质和能力按照高校的预设培养目标不断提高。

（2）具有社会性。高校学生管理的客体是自然人。自然人通过各种方式，学习社会知识、技能和规范，从而把社会规范、准则作为自己的行为标准，取得社会人资格的过程称为社会化。高校学生经历着社会化，具有社会化的特点。学生生活在一定的社会中，会受到社会的各种影响，学生之间也存在一定差异，他们的需求也有所不同。高校学生管理主体需要了解学生管理客体的社会关系、社会背景和社会影响，了解他们在社会化过程中的需求，并结合自身的工作经验，更好地对高校学生管理客体施加教育影响，以完善自己的工作。

（3）具有主观能动性。这是自然人区别于物的特点。高校学生管理的客体与哲学意义上的客体之所以有所不同，就在于前者是能按照自己的意愿思考和行动的人。他们有自主思考能力，有自己的想法、见解和实践能力，不会消极盲目地接受教育影响，而是能动地有选择地接受教育影响。高校学生管理客体能根据自己的需要主动接受高校学生管理主体带来的教育影响，并能动地参与进去。

（三）高校学生管理环境

1. 高校学生管理环境的定义

任何工作都要在一定的环境中进行，高校学生管理工作也是如此。高校学生管理环境，是对高校学生管理主体及高校学生管理客体施加教育影响的一切外部因素的总和。其不仅指客观存在的自然环境，还包括高校学生管理主体在工作中有意创造的教育环境和氛围。高校学生管理主体可以在学生管理工作的过程中，依据自身工作的目标和学生的需求，改变或者创设相应的学生工作环境。

2. 高校学生管理环境类型

(1) 按照影响的远近可以分为大环境与小环境。大环境主要指对学生的思想行为产生根本的、决定性影响作用的社会政治、经济、文化环境，包括国际、国内政治经济文化对人的思想行为产生影响的环境，又可以称为国际大环境与国内大环境。小环境主要指学生直接接触的学习生活环境，对学生产生直接影响的环境或者局部环境，如寝室、班级等。

(2) 按照管理环境可以分为现实环境和虚拟环境。现实环境就是对学生产生影响的现实因素，如现实的学习环境、生活环境、人际关系环境等。虚拟环境是指伴随互联网的发展，出现的网络虚拟空间、虚拟社区。在虚拟环境中，学生以虚拟身份存在，其各种表现可能与现实环境中的表现大不相同。

(3) 按照呈现形态可以分为显性环境和隐性环境。显性环境主要包括高校外在的物质环境及自然环境，如高校建筑、植被等。高校学生会受到校园环境的影响，良好的校园环境对高校学生的身心健康大有裨益。隐性环境则主要体现为高校的校园文化。高校的校园文化营造了一种人文氛围，高校学生在生活与学习中会潜移默化受到学校文化的熏陶。这种隐性环境有利于其思想政治素养的提高及良好心理健康素质的培养。

(4) 按照内容可以分为政治环境、社会环境、经济环境及人际环境等。高校是一个微型社会，高校学生管理的环境对于高校学生管理工作有着重要的影响，其在无形中感染着高校学生，约束他们的行为，促进其社会化的进程。

3. 高校学生管理环境的特征

(1) 多维性。高校学生管理工作的环境是由多种要素共同构成的，包括外在的学校环境和内在的学校文化等，这些要素相互影响、相互作用，形成了高校学生管理工作的环境。因此不能简单地将其看作是多种要素的机械组合，而应该以联系的观点认识其内涵。人的选择具有主观性，每个人对高校学生管理工作环境的认识也不尽相同，多种思想的交织，使其呈现出多维性的特点。

(2) 动态性。组成高校学生管理工作环境的各要素不是一成不变的存在着的，而是会随着时间、政策的改变而衍生出新的内涵。学校的物质环境等显性环境会随着学校的发展而发生改变，学校文化等隐性环境也会在高校的发展中被不断注入新的特质。高校学生管理者必须认识到这种特征，不断实践，以适应高校学生管理环境的发展。

(3) 可创设性。随着社会的进步，高校和高校学生也在不断发展，高校学生管理工作的环境可能会不适应现有的学生工作，高校可以对其进行相应的创设，以满足学生工作的需求。这要求高校学生管理者要发挥其主观能动性，发挥高校学生管理环境的作用，以促进高校学生管理工作的开展。

（四）高校学生管理介体

1. 高校学生管理介体的定义

高校学生管理介体，是高校学生管理主体和客体相互联系、相互作用的中介因素，是高校学生管理主体作用于客体之上的管理工作的内容和方法，是指导、规范和服务学生的一系列中间要素和环节的总和。

其中，高校学生管理的介体是高校学生管理主体和客体间相互联系、相互作用的介质和转化过渡环节。主体通过介体作用于客体，没有适当的介体，高校学生管理主体和客体便难以联系并发生作用。正是由于高校学生管理介体的存在，高校学生管理主体才能了解高校学生管理客体的需求，并与其相互合作以满足他们的需要，达到他们的目的，并完成自身的工作。

2. 高校学生管理介体的类型

根据高校学生管理介体的含义，高校学生管理介体的类型分为内容资源、方法资源和载体资源三种。

（1）内容资源，主要是指高校学生管理的主体在工作中施加影响并作用于客体，体现出高校学生管理工作性质的一系列具体内容，包括学生思想政治教育、学生心理健康教育和学生就业指导等工作的知识，以及人生观、世界观、价值观、社会道德规范等内容。

（2）方法资源，是指高校学生管理的主体与客体之间双向联系、合作的方式与手段，主要包括硬性方法和软性方法。硬性方法是指高校制度规范规定的、高校学生管理的主体必须遵循的原则性方法；柔性方法是指高校学生管理的主体可以根据自身工作的需要，而使用的有一定灵活性的方法。

（3）载体资源，是指高校学生管理的主体与客体之间相互联系的平台和渠道，主要包括高校组织、社团、文化活动、多媒体网络等。

3. 高校学生管理介体的特性

实际工作中，高校学生管理的主体也会用到一些介体，但这些介体却不一定是高校学生管理的介体。高校学生管理介体具有显著的中介性。作为高校学生管理的介体，必须具备以下两个基本条件。首先，高校学生管理介体必须联系着高校学生管理主体和客体，即高校学生管理主体必须借助这种介体与高校学生管理客体发生联系，并与之互动。其次，高校学生管理介体必须是高校学生管理主体为了满足高校学生管理客体的需求与目的而使用的方法和内容，即必须具有指向性，必须明确地为高校学生管理客体服务，才算是高校学生管理介体。

高校学生管理介体是维系高校学生管理主体和客体的重要纽带。若要更好地发挥其作用，就要围绕高校学生管理的目标，发挥高校学生管理主体的积极作用，整合优化现有的学生管理工作内容、方法和载体资源，并开发出潜在的内容、方法和载体资源。对高校学生管理介体进行合理的开发和利用，有助于简化高校学生管理工作，最大限度发挥高校学生管理主体的能动性，通过合理高效的介体为高校学生管理客体施加更全面、更符合其需求的教育影响，从而更好地推动高校学生管理工作的开展。

四、高校学生管理的时代要求

（一）全球化背景下人才诉求对高校学生管理提出新要求

1. 全球化对人才的要求

全球化背景下，人才处于世界各国综合国力竞争的中心位置。更简单地说，人才是决定一国综合国力高低的关键因素。当今世界，一个国家的国际竞争力在很大程度上取决于该国人才储备数量及质量的高低。因此，结合全球化背景明确培养目标，对于人才的全面发展具有至关重要的作用。全球化对人才培养目标提出了更高、更新的要求：

第一，要有国际思维、国际视野以及全球战略敏锐度，同时要有强烈的国家认同感与民族归属感，既不盲目自信、骄傲自大，也不妄自菲薄、崇洋媚外，要能够在错综复杂的国际环境中坚持和平共处五项原则，坚定维护本国的国家尊严与国家利益。

第二，要有对世界科技前沿及发展动向的敏锐追踪力与高效学习力，掌握符合国际标准的技术规范和工作规范，同时要有良好的跨文化沟通能力，在熟练掌握并运用一门或多门外语的同时，熟知并准确把握世界各国尤其是工作意向国的民族文化、社会风俗、价值观念以及思维方式等。

第三，要在复杂多变的国际环境中具有举一反三的应变力、触类旁通的学习力以及敏锐的洞察力，要具有独立思考问题的能力，在对国际热点、难点持续追踪跟进的基础上，对相关问题进行客观分析，努力做到去伪存真、去粗取精，学会透过现象看本质。

第四，要具备包容心态和较强的创新能力，要有兼容并蓄的精神，能不断接触、学习、吸收各种知识信息，善于学习倾听、拓展思路，能够做到终身学习，能够追踪本专业的世界前沿并不断吸收国际先进文化和知识，并加以运用。

总之，从发展的观点看，全球化背景下的人才不仅要善于学习，还要善于思考，善于创新，善于交际，善于合作，努力掌握主动领跑世界发展的能力。在明确了全球化背景下人才培养目标的基础上，还要注重建立健全全球化背景下人才的评价机制和体系，只有做好这一点，才能使更多的人更快更好地达到人才培养目标。

2. 全球化背景下高校学生管理的创新发展

全球化的发展使地球成为"地球村"，地球村里面的各个成员都要调整自己的角色与定位。对于高校而言，全球化的影响主要是高校工作的思想、理念更加多样，高校之间的交往范围更为广泛，高校学生管理的主体更为多元，高校学生管理的目标更为科学、全面。从学生管理工作来看，要从理念、主体、目标等三个方面对学生工作进行创新，以应对全球化的冲击和挑战。

第一，应该树立新的高校学生管理理念。传统时代的学生管理理念虽然有所发展与创新，但是由于范围和地域有限，所产生的管理理念的类型与方式有一定的局限。在全球化时代，学生管理理念的范围与地域大大扩展，应该树立新的适合全球化趋势的高校学生管理理念。具体而言，应该树立以学生为本的管理哲学观。以人为本是对个体人的尊重，应该把握全球化对人才的特殊需求，从这点出发，针对这些能力设置相应的学生管理工作。应该树立突出主体、开发潜能、激发创造的管理方法观。学生管理的主体是学生，学生具有主观能动性，能够对自身与客体进行创新。在学生管理的过程中，应该突出学生的主体地位，激发其潜能，让学生在管理中勇于承担各项职责与任务。应该树立体现互动性、层次性、整合性的工作体制观。学生管理体制不应是单一的、单向的、分散的体制，而应该整合各项机能，体现学生管理的互动性、层次性和整合性。

第二，应该对不同学生群体采用不同的学生管理方法。全球化的结果首先导致主体的多元化。一个高校不再只有一个国家的学生,可能会有许多来自各国的留学生,要注意不同国家的高校学生之间的差异,做到因人而异。即便是同一个国家的学生,因受到全球性观念的各种冲击,每个人的世界观、价值观体系也有所不同,如何用社会主义核心价值观合理地疏导与教育这些学生,是摆在当代学生管理者面前的重要问题。

第三,应该树立新型的高校学生管理目标。传统的高校学生管理目标主要是培养全面发展的人,培养对国家有用的人才。在全球化时代,学生管理理念的内涵与范围应该不断地扩展。从学生管理的目标看,除了促进学生全面发展的核心目标,还需要将学生培养成为适应全球化趋势的人才,使学生成为从全球视野出发,具有开阔视野的高素质人才,而不只是局限在某个地域或国家。

(二)信息化时代的人才诉求对高校学生管理提出新要求

1. 信息化对人才的需求

第一,应具有广博的知识基础与完善的知识结构。在信息化时代,开拓型、综合型信息化人才必须具备广博的知识基础与完善的知识结构,广博的知识基础包括基础学科知识、经济信息知识和社会宏观信息知识。这里的基础学科知识包括自然科学和人文社会科学,经济信息知识包括国民生产总值、国民收入、物价水平、市场供求情况和结构、消费需求的水平和结构等,而社会宏观信息知识主要包括国家的战略规划与大政方针、战略决策、法律、法令等。

第二,熟练掌握最新的信息技术手段。在信息化时代,信息技术的发展日新月异,信息的传递已经实现了文献文字、动态图像和音频视频的同时传输。信息传递的综合一体性,要求信息化人才要及时学习、掌握最新的信息技术手段,积极参与新的信息技术的研发工作,开展现代化信息服务。具体而言,现代信息化人才必须熟练掌握计算机应用技术、网络通信技术、数据库技术、系统分析和设计等信息技能。

第三,具有较高的信息识别、搜集、分析、处理和再加工能力。信息化时代信息泛滥,信息质量良莠不齐、真假难辨,因此,现代信息化人才要能从互联网上铺天盖地的各种信息中发掘出有价值的信息,这就要求信息化人才具有科学的思维方式以及信息处理能力,能正确地分析、判断信息的质量及其实际应用价值,能对大量无序的信息进行精心筛选、分析与深加工。

第四,应具有较高的外语水平。随着全球化时代互联网技术的迅猛发展与普及,世界范围内信息资源的共享程度不断提高,不少有价值的信息资源来自世界各地。在此情况下，现代信息化人才只有具备较高的外语水平，才能采集、分析、吸收国际性信息，并在此基础上进行信息挖掘、信息利用。因此，现代信息化人才必须精通一到二门外语，且须具有多种对译能力，才能在信息化时代胜任工作，减少面对众多国际性信息时遇到障碍的可能性。

第五，应具有扎实的相关专业知识。对现代信息化人才而言，处理文献型信息并不是其工作重点，其工作重点应是处理各种事实型信息。如果相关人员对事实型信息的专业背景知之甚少，那就很难从中发掘出有价值的信息资源。因此，现代信息化人才必须具备扎实的专业知识基础或具有相应的学科背景。只有掌握该专业的基本常识与最新进展，才能从众多的信息中发掘出有较高利用价值的专业信息。总之，现代信息化人才承担着组织信息化建设的重任。只有具备上述素质和能力，现代信息化人才才能发挥应有作用，帮助相关企业提升信息化水平。

2. 信息化时代高校学生管理的创新发展

信息化在给高校管理带来便利的同时，也给高校的各项工作带来了严峻的挑战，这些挑战要求进一步创新学生管理的方方面面，具体而言，应该从学生管理的环境、主体、客体、内容等方面加以创新。

第一，提高学生管理的信息化水平。在信息化时代，需要高校建立学生管理的相关网站与论坛，并注重日常的维护与更新，上传最新的学生管理信息与资讯，加强对学生管理工作的宣传。

第二，提高学生管理人员应用信息设施的能力。信息化时代的学生管理者需要对手机、电脑、平板、投影仪等设备进行了解，需要对流行的信息交互工具如QQ、微博、网站、微信等加以了解，能够熟练地掌握与运用，对学生的各种状态进行实时的把握。同时，要能够将学生管理工作的相关指示、内容，借助信息设施传播到学生中去，实现学生管理工作的电子化传播，这样才能提高学生管理工作的办事效率。能够运用计算机分析学生的心理健康问题，掌握学生心理健康调查的各类模型以及电脑检测方法。能熟练应用办公软件，对学生心理健康调查情况进行分析。

第三，创新学生管理目标，培养学生的信息化能力。传统学生管理的主要目标是促进学生的全面发展，在信息化时代，学生的全面发展必须包括对学生信息技术能力的培养，提高学生应用信息技术处理信息的能力。在日常的学生管理工作过程中，应该指导学生熟练地掌握信息技术设施，同时自觉地抵制不良信息，营造良好的网络环境。

(三)新时代中国特色社会主义事业对高校学生管理提出新要求

1. 新时代中国特色社会主义事业对人才的特殊要求

新时代中国特色社会主义事业,以全面建成小康社会与全面建设社会主义现代化强国为战略布局,以逐步实现全体人民共同富裕为奋斗目标,以实现中华民族伟大复兴中国梦为伟大历史使命。习近平总书记在党的十九大报告中明确指出:"人才是实现民族振兴、赢得国际竞争主动的战略资源。"[①] "要以培养担当民族复兴大任的时代新人为着眼点,强化教育引导、实践养成、制度保障,发挥社会主义核心价值观对国民教育、精神文明创建、精神文化产品创作生产传播的引领作用,把社会主义核心价值观融入社会发展各方面,转化为人们的情感认同和行为习惯。"[②] 新时代中国特色社会主义事业对人才的特殊要求表现在:

第一,新时代中国特色社会主义事业需要具有正确政治方向的人才。"方向"问题涉及"为谁培养人"和"培养什么人"的根本问题,当前开展青年人才工作需把握好青年人才教育培养的方向问题。习近平总书记向来重视对青年人才的理想信念教育,强调"精神之钙"对人才的重要性。青年人才只有坚定中国特色社会主义的崇高理想,树立正确的世界观、人生观和价值观,将个人理想融入国家建设与民族复兴的伟大事业之中,才能成为新时代中国特色社会主义事业的合格建设者和可靠接班人,才能肩负起新时代所赋予的重大历史使命。

第二,新时代中国特色社会主义事业对人才培养强调"以德为先"。人无德不立,有才无德难成大器,德才兼备的人才是有用之才。培养人才首先要注重思想道德素质的培育与提升,新时代中国特色社会主义事业具有伟大而艰巨的历史任务,在此情况下,青年高校学生没有高尚的品德,没有坚定的理想信念,是不能成为社会主义现代化事业的建设者和接班人,为中华民族伟大复兴作出应有贡献的。

第三,新时代的新变化、新特征对青年人才的适应力、创新力提出了更高要求。在当今世界,创新驱动发展是各国提高国际竞争力和综合国力的必然选

---

① 习近平:《决胜全面建成小康社会 夺取新时代中国特色社会主义伟大胜利——在中国共产党第十九次全国代表大会上的报告》,人民出版社,2017年,第64页。

② 习近平:《决胜全面建成小康社会 夺取新时代中国特色社会主义伟大胜利——在中国共产党第十九次全国代表大会上的报告》,人民出版社,2017年,第42页。

择,也是人才强国建设的动力源泉。随着中国经济运行进入新常态,"大众创业、万众创新"的"双创"局面形成,服务业在经济结构优化升级中的重要性凸显,经济发展方式由粗放型转向创新动力型,"互联网+"成为驱动经济发展新引擎等种种新情况,无一不要求具有时代应变力的创新型人才,需要高素质青年技能型服务人才支撑服务业,需要青年科技创新人才提供创新活力。总之,创新成为驱动发展的新引擎。创新的根基在人才,这需要一大批思想活跃、创造力强的青年人才。

2. 新时代语境下高校学生管理的创新发展

"中国特色社会主义进入了新时代"是党的十九大提出的论断,新时代意味着新变化、新要求、新导向,因而亟待在"新时代"这一新语境下,就完善、创新高校学生工作的重点难点问题及其解决对策提出新思考。从以上新时代的主要特征以及新时代中国特色社会主义事业对人才的基本要求看,高校学生管理工作应从以下几方面开展创新。

第一,坚持"以人民为中心"的根本价值取向,以主体性教育为基础,促进学生全面发展。社会主义现代化建设的核心和关键是人的现代化,而主体性是人的现代化的根本点。确立主体性教育思想,是社会发展的需要和教育现代化的要求。主体性教育以学生为中心,以活动为中心,以实践为中心,旨在培育学生主体意识、提升学生主观能动性、健全学生主体人格,促使高校学生进行自我教育、自我管理与自我完善,进而促进高校学生全面发展。教育是为了未来,需要把握教育现代化的发展方向。教育只有不断创新,人的全面发展才能实现。让学生主动进行学习、创造的教育,有助于帮助学生发现自我价值、挖掘自我潜能,有助于引导学生为实现自我理想不断奋斗,最后成为全面发展的"和谐之人"。

第二,坚持与时俱进的创新精神,以培养体系改革创新为目标,构建立体化人才培养体系。要完善高校学生工作网络体系,要捕到不同的鱼,就需要多种不同的网,既要缩小网眼,也要改变网的结构[1]。所以,我们要不断推进教育形式和内容的创新。新时代的时代目标由"求富"转向"图强",以实现中华民族伟大复兴为历史使命,这需要有一批具有时代精神、创新能力的高校青年学生作为人才依托。为此,新时代高校学生工作应按照"宽口径、厚基础、强能力、高素质、重创新"的要求,在新一轮人才培养方案中贯彻知识、素

---

[1] 刘华杰:《浑沌有多复杂?》,《系统辩证学学报》,2001年第4期,第29页。

质、能力协调发展，兼顾基础平台与个性化培养平台，强化特色和适应社会发展并重，教学内容与课程体系整体优化，实践能力培养与研究性教学并举的五项原则，构建通识教育、学科基础、专业教育、学科拓展、实践能力培养等五个课程平台，按人才培养的系统性、适应性、创新性和前瞻性要求，整体设计和系统优化课程资源，建立融会贯通、有机衔接的"平台＋模块"课程体系。

第三，根据社会主要矛盾变化的新要求，高校学生管理需要着重解决服务与育人之间不平衡的问题。首先，应把高校学生管理重心从教育、管理转向教育、管理、服务并举，坚持以学生为中心，在开展学生管理工作过程中尊重学生、信任学生，努力使学生管理工作更好地服务学生成长成才需求，促进学生全面发展。其中，及时了解、把握学生多样化、多元化的需求十分重要。高校学生管理应根据学生实际需要，不断丰富工作内容，不断创新工作形式，提高工作的针对性；同时要及时总结学生管理中的经验教训，在发现不足的基础上不断完善学生管理工作。其次，建立专业化的服务机构——学生事务"一站式"服务。"一站式"服务建立的前提是学生事务管理和服务的专业化，核心是整合各项职能于一身，从而实现服务的整体化和高效性。高校学生管理提供"一站式"服务，不能满足于不同机构的简单整合，而是要根据实际情况，尤其要贴近学生实际发展需求，结合本校实际情况，合理精简学生事务服务流程，建立专门化、科学化的学生事务服务体系。此外，高校还应积极利用网络平台整合资源，加强学生事务"一站式"服务的信息化网络平台建设。最后，加强主动教育，坚持服务育人。高校学生管理应进一步继承、巩固并发展"主动教育学生"的传统优势，强化对学生的前瞻性、预见性、全局性的"主动教育"[①]。另外，在学生管理中，要积极主动地通过各种渠道关心学生的利益需求，主动为需要帮助的学生提供更加周到的服务和支持。

第四，建立开放互动的学生工作体系。开放互动的学生工作体系包括两个子系统，即开放式的思想政治教育系统和开放互动的学生事务工作系统。高校学生管理系统应与思想政治教育紧密融合。具体而言，高校学生管理应成为思想政治教育的有效载体，而思想政治教育则能对高校学生管理进行价值引领。开展思想政治教育是我国高校学生管理的优势与特色所在。高校学生管理在强调学生事务管理与服务的同时，应继续加强思想政治教育，不断探索学生管理与思想政治教育相互融合、相互促进的有效途径。此外，高校还要在业务上加强不同职能部门的协同合作，积极推进协同育人、协同服务，实现全员育人、

---

① 冯刚、赵锋：《走进英国高校学生事务管理》，中国人民大学出版社，2008年，第81页。

全方位育人、全过程育人。

第五，加强高校学生管理队伍的专业化建设。学生管理专业化是与高等教育跨越式发展、素质教育的深入实施以及全球化、信息化的浪潮结合在一起的[①]。高校学生管理的专业化建设离不开一支专业化的学生管理队伍。首先，要重视并加强对学生管理队伍的职业培训。要制定培训要求与规划，有计划地组织开展对学生管理队伍的专业能力提升训练，并将专业化培训贯穿于学生管理队伍职业生涯全过程。要根据不同阶段、不同岗位、不同对象，开展有针对性的专题培训，提高学生管理队伍的专业理论水平和解决问题的能力。同时，还应积极组织开展对外交流培训，组织学生管理队伍参加国家、省部级交流培训，围绕相关课题进行交流等。此外，还应重视学生工作与学术事务的有机融合。高校一方面要注重提高学生事务管理队伍的专业化、职业化、学术化水平；另一方面要注重学生事务和学术事务的密切联系与合作，帮助学生加强实践与专业理论的结合，拓展学生事务的实践广度和理论深度。

第二节　高校学生管理能力解析

一、高校学生管理能力的概念和研究意义

（一）高校学生管理能力的概念

任何特定活动的完成都需要一定的主观条件，这些主观条件的组合，就是能力。能力只有在一定活动中才能得到体现和发展。

随着近年来我国高等教育的不断发展，高校的招生规模不断扩大，高校的办学宗旨也有所变化。高校也承担着除教学工作外的更多责任，如丰富高校学生的校园生活，促使其成长成才等。高校学生管理工作对高校学生灌输价值观和理念，施加教育影响，以实现其教育者的角色；在日常工作中对高校学生进行引导与管理，以实现其管理者的角色；同时对高校学生管理工作的组织活动进行规划和决策，以实现其领导者的角色。

---

① 尹冬梅：《我国高校学生工作专业化的回顾与展望》，《思想理论教育》，2015年第9期，第98页。

本书将高校学生管理能力界定为：高校学生管理主体基于自身定位的需要，在教育、管理和服务学生的过程中，为完成自身工作而必须具备的主观条件，是提高高校学生管理的实效性与针对性，增强其感染力与吸引力的综合体现。

（二）高校学生管理能力的研究意义

第一，高校学生管理能力的提升是高等教育大众化发展和大学职能扩展的客观要求和历史产物。伴随着大学的职能从人才培养拓宽到科学研究和社会服务，高校教师可能就由以学生为中心、教书与育人并重，转向以个人学术为中心，无暇顾及学生的日常教育和管理。如此一来，教书与育人的矛盾日益冲突，学术事务与学生事务的分离以及学生工作的职业化和专业化就成了历史发展的必然选择。

第二，加强高校学生管理能力研究是改善高校学生思想政治素质的迫切需要。高校学生管理工作要能够出色地完成党、国家托付的人才培养的历史重任，就要顺应时代发展的要求，准确把握高校学生的成长规律，不断丰富自身的理论素养、提高自身的教育技能、创新自身的方法手段，以专业的工作水平和理论素养，引导高校学生健康向上，成为高校学生成长成才的引路人和航标灯。

第三，高校学生管理能力的提升是高质量高等教育的有效保证。当前，在我国高等教育人才培养模式中，教学、科研和学生工作是人才培养质量保障体系的三根支柱，只有形成稳固的三足鼎立局面，人才培养的质量才能得到保证。作为高校，在创新人才培养过程中，除了要努力发展学生的智力和能力外，还应该更多地注重他们非智力因素的培养。在这种情况下，高校学生管理工作的价值越来越值得重视，迫切需要建立一支职业化、专业化的高校学生管理队伍。

提升高校学生管理能力，有助于提高其办学质量和管理水平，促使高校更好地为学生成长成才服务，进而推动我国高等教育发展，为我国现代化建设输送大量高素质人才，提高我国综合国力。

二、高校学生管理能力各维度的内涵

本研究将高校学生管理能力分为职业化能力、专业化能力和知识化能力三个维度，并对此进行分析，以了解不同维度下高校学生管理能力的差异，为提升高校学生管理能力提供参考。

(一) 高校学生管理职业化能力

1. 职业

《辞海》(网络版)将职业定义为:一是人们所从事,赖以谋生的工作性质、内容和方式。二是依人们参加社会劳动的性质和形式而划分的社会劳动集团。职业对于个人,具有维持生活、参与社会活动、发挥才能的作用;对于社会,具有实现社会控制、维持社会运转、为社会创造财富的功能。

美国社会学家赛尔兹认为,职业是一个人为了不断取得个人收入而连续从事的、具有市场价值的特殊活动,这种活动决定着从业者的社会地位。美国著名哲学家、教育家杜威认为,职业既能满足个人的经济需求,同时又能为别人提供服务。《现代汉语词典》(第7版)的解释是:个人在社会中所从事的作为主要生活来源的工作。

综上所述,本研究将职业理解为:人们从事的相对稳定的、有收入的、专门类别的工作,它是人们的生活方式、行为模式、思想情感、经济状况、文化水平的综合性反映,也是一个人的权利与义务的体现,是一个人社会地位的一般性表征。

2. 职业化

"化"表示转变成某种性质或状态,既包含性质的转变,也包含过程的转变。职业化,就其本义来讲,是指某一普通工种逐步成为某一社会群体的主要谋生手段的过程。就其引申意义而言,就是知识或技能的逐步专业化、职业精神和道德的逐步养成等。此外,职业化还可以从两个角度去理解:一是从职业生涯的角度,即从事这个行业、这份工作,将其作为终生职业来对待;二是从职业的壁垒和标准的角度,即从事这个行业要有一定的标准和要求。职业化程度是衡量一个行业成熟度的重要标志。

综上所述,本书将"职业化"理解为:普通的非专业性职业群体逐渐符合专业标准,成为专业性职业群体并获得相应的专业地位的动态过程。个体的职业化,是指个体为达到从事某个职业的要求或标准所应具备的素质并追求成为优秀职业人的历程。

职业具有目的性、社会性、稳定性、规范性、群体性等特征,一般具备三个要素:专业化人员和专门职责、健全的职业组织体系、良好的职业环境。因而，职业化包含以下几个层次的含义：首先，从业人员可以以此立足社会，终身从事该事业；其次，从业人员应该体现出一种职业素养，掌握相当程度的专业技能，而不是仅凭个人兴趣自行其是；最后，有本行业特定的行为规范或行为标准，从业人员要符合该行为规范或行为标准的要求。

3. 高校学生管理职业化能力的构成

高校学生管理工作如今已得到了巨大的发展，其在发展的过程中逐渐具备了社会性、稳定性、群体性、目的性等社会职业的特征，并日渐成为一种成熟规范的社会职业。高校学生管理职业素养以及专业程度的不断提高，有效地促进了高校学生管理的职业化进程，高校学生管理工作和其他社会工作一样，在职业化进程中必须具备一定的职业化能力，这是社会发展的必然要求，也是其职业自身的内在需求。高校学生管理的职业化能力，即高校学生管理工作在职业素养和专业化程度方面不断提高，逐渐形成一个职业的过程。

本书将高校学生管理职业化能力分解为战略管理能力、组织架构能力和规范评价能力。

战略管理能力是高校为了长期稳定发展，充分考虑高校学生管理工作的外部环境和内部环境，制订出高校的战略目标，并利用高校学生管理这一介体促进目标的落实和实现，并在实施的过程中对目标进行评估与控制的过程。战略规划具有长远性、纲领性和全局性的特征。战略管理能力包括主观能力和客观能力，前者以人为核心，体现为各种具体职能，以及规划装备和数据分析方法等技术因素。后者着重强调规划的适用范围、相关的外部制度和要求等。高校应主动提升其战略管理能力，帮助高校在发展的过程中做出最好的选择，从而优化资源配置，提升高校的核心竞争力，以实现高校的跨越式发展。

组织架构能力是指一个组织的整体结构，高校学生管理的组织架构就是基于高校整体基础之上的组织架构。高校可以通过对组织架构的合理化建设，以完成特定目标，从而提升高校学生管理的职业化能力。合理的组织框架能有效地提高高校学生管理工作的绩效，更有效率地完成特定目标。对组织架构进行优化时，必须以稳定性为前提，合理分工，根据岗位培养人才，并为其提供发展空间。增强组织架构能力是促进高校学生管理职业化能力提升的必然要求。为提升组织架构能力，各部门应加强合作，利用先进的科学技术，加快信息传播的速度；高校学生管理工作者应发挥主观能动性，不断学习、实践，提高自身能力，并加强与学生的交流，以提高自己的工作绩效。

规范评价能力是指人的价值判断力，就是人在思考和认知客观事物的过程中做出价值评定的能力。评价主要包括量化评价和质性评价。高校学生管理工作的规范评价能力是指高校遵循一定的社会规范和规章制度要求，对学生管理工作做出客观公正的价值评定的能力。规范评价能力是对战略管理能力和组织架构能力合理性的检验，从而为高校提供可行性分析，提高高校决策的科学性、合理性。规范评价能力应遵循一定的规范制度，使高校学生管理工作更为规范。

（二）高校学生管理专业化能力

1. 专业

《辞海》（网络版）对专业的定义为：一是在教育上，指高等学校或中等专业学校根据社会专业分工的需要设立的学业类别。各专业的教学计划，体现本专业的培养目标和要求。二是产业部门中根据产品生产的不同过程而分成的各业务部分，如专业分工、专业生产。三是专门从事某项职业的，如养蜂专业户、专业文艺工作者。

2. 专业化

专业化是一个社会学的概念，是指某一个职业经过一段时间的不断成熟，逐渐符合专业的标准，成为专门的职业并获得相应的专业地位，是一个动态过程。专业化具有过程性、渐进性、受约性和程度性的特点。另外，我们也可以将专业化认为是指某种职业从普通的职业发展成为专门的职业的建设过程，其要求从事该专业的人必须接受专业的培训，专门从事该专业并将其作为一种职业追求，不断提高专业水平。

3. 高校学生管理专业化能力的构成

专业化源于职业化，是职业化发展和分化的产物。随着改革开放和市场经济的发展，社会职业面临着更为复杂的形势，这要求不同职业不断改进自身的缺陷以适应社会的发展。在此形势下，进入专业领域的职业日益增多，专业化越发成为社会职业发展的重要趋势，高校学生管理工作作为一种社会职业亦是如此。

高校学生管理工作的专业化是指该职业群体不断提高专业素养，以达到一定标准、形成职业并获取相应专业地位的动态过程，它与高校在此过程中必须具备的主观条件相组合，构成了高校学生管理的专业化能力。

基于学生管理专业化的标准，可将其从业人员分为以下几类：接受过专业教育和训练的相对稳定的专业队伍，其成员具有在本专业领域进行研究的能力；具备专业知识的人员；有专业声誉的人员等。本研究将高校学生管理专业化能力分解为三方面，在传统的理论研究能力、组织学习能力基础上加入知识创新能力，将其作为专业化能力的结果与重要维度之一。

（1）理论研究能力。高校学生管理工作的开展需要理论的支持，其从业人员必须具备一定的理论研究能力。哲学中的理论是指对从实践中获取的经验和知识进行总结所形成的知识体系。实践是理论的基础，科学的理论对实践具有指导作用，理论也在实践中得到检验并获得发展。理论研究能力的提升能加强人们对世界的认识，为人们改造世界提供智力支持；有利于增强人们的逻辑思维能力，为其提供科学的思维方式；有利于提高人们的学习能力，帮助其树立科学的价值观。理论研究能力对高校学生管理工作的开展有重要意义，但理论离开了实践，就是无源之水、无本之木。提升理论研究能力，必须坚持理论结合实际，深入实践，实事求是。

（2）组织学习能力。对于高校学生管理来说，组织学习是高校为了实现组织目标，提高专业化能力，以信息、知识和技能为中心开展的各种活动，通过这些活动，高校对自身进行改变和重组以适应不断发展的高校学生管理工作。组织学习能力的提升有利于高校在学生工作中更好地利用各种信息和知识，提高高校学生管理的效率，促进知识管理能力的提升，推动高校学生管理的专业化进程，对高校学生管理工作的发展有着重要的作用。为提升组织学习能力，从业人员必须不断学习各种知识技能，坚持实践，不断创新，增强应变能力，以应对高校学生管理持续发展变化的趋势。

（3）知识创新能力。知识创新能力是在知识创造和获取的基础上，追求新的发展，并应用于相关领域的过程，其包括知识的产生、传播和使用。当今社会是信息社会，信息传播速度之快前所未有，知识也得到了极大的发展，信息和知识日益成为重要的生产要素。高校作为知识的聚集地和输出地，对知识创新能力的提升越发迫切。知识创新能力的提升有利于高校简单有效地获取知识、利用知识；使高校架构更加合理，也有利于对学生管理进行科学的指导，为其提供强大的智力支持。

(三) 高校学生管理知识化能力

1. 知识

《辞海》(网络版) 对知识的定义为：人类认识的成果或结晶。《现代汉语词典》(第 7 版) 将知识界定为：人们在社会实践中所获得的认识和经验的总和。就其本质而言，知识属于认识的范畴。

2. 高校学生管理知识化能力的定义

高校学生管理知识化，是高校运用特定的知识与技能来提升高校学生管理水平的过程。

在传统的教学模式中，教学内容与教学进度大都由教育课程的学者专家提供，他们对教学内容的积极面与消极面都有事先的研究。而在高校学生管理知识化的今天，人们在拥有大量的信息资源的同时，也产生了很多困惑和问题，例如，信息的正确性、信息的质量、信息的管理等，这些都对高校学生管理知识化提出了更高的要求。传统课堂上主要的教学媒体包括黑板、粉笔、标本、摄像机、照相机、挂图、书本等；今天教学媒体的内容更加丰富，如 PPT、E-mail、iPad 等。传统课堂上，教师是知识的传授者，学生是知识的接受者，教师的角色具有权威性及不可挑战性。过去学生是被动的学习者，教师教什么，学生就学什么，但是，在高校学生管理知识化的要求下，教师的角色充满着被挑战的可能。教师和学生可能在同一时间取得知识，甚至学生会在教师之前取得知识，此时，教师的权威将受到质疑。在高校学生管理知识化的形势下，教师的地位将不再是神圣不可侵犯的，教师的定位应调整为知识的介绍者和学习的引导者。

高校学生管理知识化能力，就是高校将特定的知识与技术相结合以提升高校学生管理水平的能力。高校学生管理知识化需要用到大量新媒体、新技术，有利于提高学生管理工作职业化和专业化的水平。同时，高校学生管理职业化能力和专业化能力的提升，可为其知识化能力提供很好的工作框架与工作氛围，有助于高校学生管理知识化能力的增强。

3. 高校学生管理知识化能力的构成

基于前文对高校学生管理知识化能力的界定，本研究将高校学生管理知识化能力分解为三方面，包括高校学生管理知识库构建能力、高校学生管理知识协同能力和高校学生管理智能决策能力。

（1）高校学生管理知识库构建能力。高校学生管理的知识库，可以称为学生管理工作的"图书馆"，是学生管理工作相关知识的储藏地。知识库内部储存了高校学生管理工作相关的文件制度、学生特点分析、学生活动组织流程方案等学生管理工作相关的知识。知识库的组建，首先，有助于加快知识和信息的流动，有助于知识共享和交流。在高校学生管理工作中，知识和信息的有序化，会大大缩短学生管理人员在寻找和利用自己所需要的知识时所需的时间，因而也就加快了知识的流动速度。其次，知识库还有利于实现各个学生管理组织之间的协作和沟通。知识库可以将学生管理人员在管理工作中解决的难题或者更好的问题处理方法，及时地总结整理成为经典案例，方便其他学生管理组织或人员及时学习与分享。此外，学生管理工作中有很多复杂的、需要按照流程去做的事情，一些工作时间较久的学生管理人员掌握着大量宝贵的信息，如果发生人员调动，这些重要信息和知识就会随之消失。因此，知识库的一项重要内容就是将相关流程与方法的信息进行保存，便于新员工尽快适应工作岗位。

（2）高校学生管理知识协同能力。高校学生管理的知识协同，就是在最恰当的时间将最需要的学生管理知识传送给最需要的人。高校学生管理经常面临"信息孤岛""应用孤岛"和"资源孤岛"，以及各类非结构化信息、零散知识的管理挑战，如何跨越时间、空间的限制，集成整合所有的学生管理知识碎片，使之适合高校学生管理工作的发展和具体工作开展的需要，值得深入研究。通过组建高校学生管理知识协同平台，可以提高学生管理人员知识查找的便捷性。通过访问学生管理知识协同平台，相关人员可以获取最新、最热的知识库内容，并通过权限分配与部门定位，访问领域内的高校学生管理工作知识专家，了解知识社区中关于某类知识的最新、最热研究，这些都将大大丰富管理人员知识查找的通道，并促进学生管理工作跨部门的知识共享。通过知识协同平台的展示，可以促进跨部门的知识共享，使学生管理工作知识能够在各个部门之间顺畅流通。此外，还能为高校学生管理的知识传递与知识创造营造一个良好的环境，促进高校学生管理知识的创新。

（3）高校学生管理智能决策能力。智能决策能力是指，通过对高校学生管理的知识挖掘与整合，一方面为师生提供智能化的问答服务；另一方面面对学生管理工作中的突发事件、复杂情况或重大问题时，高校能够全面综合各方面的信息，借助已有的学生管理知识及类似案例，由学生管理工作的资深专家或专家组综合考量后，进行相应决策。

学生管理工作的专家,是指能依靠自己精通的技能解决疑难复杂的学生管理问题,并能够针对该问题提出有效解决方案的人。为提高智能决策能力,高校应做到以下几点。一是会从知识的角度发现高校学生管理组织内掌握核心知识和智慧的工作人员,利用专家系统对其予以认可和激励,激发其主观能动性。二是展现不同学生管理部门的经验智慧和管理水平。对不同部门的知识进行挖掘发现,所在部门专业人士出现得越多,证明该部门的管理和工作水平越高。三是深入挖掘学生管理工作专家隐性知识资产,对专家所具备的学生管理专业知识进行有针对性的挖掘和显性化,一方面沉淀学生管理的知识资产,形成富有价值的知识财富;另一方面避免因为知识垄断而造成学生管理工作效率低下。四是学生管理专家的示范效应促进整体成长。理论上任何一个人都有精通于特定领域的专业能力,在某方面拥有自己的独特专长。可以通过构建专家系统,对学生管理人员进行多层面的激励和认可,形成人人争当专家、人人贡献智慧的局面。

三、基于知识的高校学生管理能力的提升

(一)基于知识的高校学生管理战略能力的提升

知识是高校学生管理中的核心要素与基础性资源,将知识战略作为高校学生管理的重要战略之一,是高校学生战略管理的核心部分。高校学生管理应重视智力资源,需拥有一大批知识水平高、专业能力强、有创造力和自我实现热忱的高校学生管理人员。高校学生管理工作的运转应围绕着知识创造、转化、更新和增值来进行,以知识创造作为提升管理工作业绩的手段。

1. 基于知识的高校学生管理战略制定流程

基于知识的高校学生管理战略以推动学生工作知识的创造、传播和应用为目的,采取有效的整合手段,使技术、组织结构、人力资源、组织文化更好地适应于高校学生管理的要求。从这种意义上来说,高校学生管理战略是高校学生工作实施知识管理的指导纲领,具体管理战略的制定流程如图3-2所示。

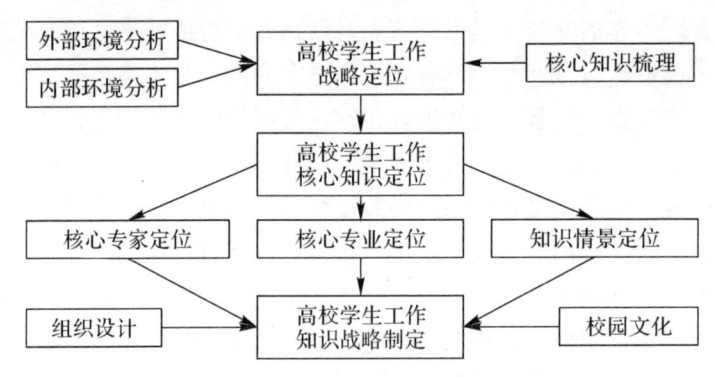

图 3-2　基于知识的高校学生管理战略制定流程

基于知识的高校学生管理战略的制定流程说明如下：

（1）高校学生管理外部环境的分析，是指从知识的维度分析整理高校学生管理的宏观环境、中观环境和微观环境三个方面。高校学生管理宏观环境包括社会政治、经济、文化发展的形势和对人才培养的要求。中观环境指学校所在区域的人文环境、经济环境和自然环境等因素。中观环境不仅对学校的育人提出相应的要求，还会影响学校的战略定位。微观环境分析的目的是摸准学校基本情况，使之直接作用于高校学生管理，并迅速反应，在整个战略制定中处于核心部位。

（2）高校学生管理内部环境分析，是指通过准确掌握高校学生管理工作的现状，以确保高校具备或能够获取实现学生管理发展规划所需的资源。高校学生管理的内部环境因素主要包括学生工作师资、高校领导团队、后勤人员及学生等人力资本因素，资金来源、经费投入、固定资产等财务资源因素，教学设施、仪器设备、图书馆、实训基地等硬件设备因素，学生培养模式、方法和手段等管理途径因素，文化底蕴、校风建设等文化因素及就业资源、就业渠道等就业因素。

（3）高校应通过核心知识的梳理，根据高校学生管理的战略目标，结合内外部环境分析，对高校学生管理进行战略定位。根据分类定位、服务面向、功能效益和比较优势等原则，高校可以确定学生管理的培养目标、培养规格的层次、培养过程的要素，进行更适应社会发展需要及人才培养目标的战略定位。高校学生管理工作的定位不应仅是由政府或者学校领导笼统提出的学生管理既定发展目标，还应包括为实现这一目标所采取的具体措施以及学生管理人员和学生对于学生管理工作的期望。

（4）高校学生管理的核心知识定位，包括高校学生管理核心专家定位、高校学生管理核心专业知识定位以及高校学生管理知识情景定位。其中，高校学生管理核心专家定位是指挖掘出经验丰富、能够解决学生管理中的疑难杂症的资深高校学生管理人员，并以他们为核心，培养更多的高校学生管理人员，使之成为各个学生管理工作领域的专家。

高校学生管理专业知识定位是指根据高校学生管理的学生培养目标、学生培养模式等要素，对高校学生管理专业知识进行整合，这是学生管理工作可持续发展的生长点，是对高校学生管理综合能力的一种体现。

高校学生管理知识情景定位，是指通过辨析高校学生管理所处的内外部综合环境，结合学校具体特点，定位核心知识，建立完善的知识整合、沟通、创新及知识资本的战略框架体系，形成与高校学生管理高度契合的知识体系。

（5）基于知识的高校学生管理组织设计，是指根据现实性、适应性、有机性、多样性及一体化原则，构建的体现高校学生管理专业性特色的组织结构。组织结构趋向于扁平化、柔性化、多元化、网络化。

（6）基于知识的高校校园文化，是指高校学生管理在历史的发展过程中积淀下来的，对高校学生管理及高校师生发展的作用力，是学校在办学实践中所形成的独特的院校精神、历史传统、价值准则、行为规范、发展目标的总和。高校校园文化改革要以着力提高核心价值观、提升高校学生管理品质、加强高校学生管理历史文化资源的利用和开发为目标。

（7）基于知识的高校学生管理战略方案的制定，是在结合了高校学生管理内外部环境、核心知识、组织设计以及文化等各个方面因素，在高校学生管理知识整合、知识沟通、知识创新以及知识资本战略的综合条件下，选择和制定的更契合高校学生管理目标的战略方案。

2. 基于知识的高校学生管理战略融入整体管理战略体系

建立高校学生知识管理的战略愿景，使每一名学生管理工作人员都知道为达成学生管理的战略目标，必须完成哪些知识管理的战略举措，从而使每个工作人员的行动都能够"与愿景一致"，进而支撑学生管理的战略目标实现。这需要高校学生管理从整体战略出发，找到战略和知识的连接，即根据高校学生管理现在的战略执行能力以及未来的战略发展目标，找出能力执行的差距，并从差距中找到知识管理对于高校学生工作整体战略发展的支持点。

同时，从高校学生知识管理策略的角度，找到高校学生管理能力提升对知识管理的需求，并将需求和高校学生管理整体战略发展相适应。

（1）高校学生知识管理战略目标。高校学生管理不同阶段战略的差异，决定了高校学生管理在导入知识管理时关注点的不同。高校学生知识管理的战略目标大致可归纳为以下几个方面：

①实现高校学生管理水平的提升。学生工作中的知识管理要与现实工作中具体的学生工作业务流程结合起来，将一些好的学生管理工作经验与做法标准化、规范化，同时结合工作流程明确哪些知识是重要的，需要持续地关注与积累，进而实现知识共享和创新，提升学生工作效率与管理水平。

②支持高校学生经验的快速复制。学生管理中有很多成功的经验，面对不断变化的学生事务，工作人员要"快速复制成功经验"，建立高校学生管理工作新进人员的高效培养体系。

③加强高校学生管理工作的信息共享。当高校中日常的学生管理信息不断增多、迅速膨胀之时，建立上下协同、跨部门横向协同的学生管理信息共享平台，可以实现信息的透明化，有助于消除部门壁垒，形成学生工作整体的协调性。

（2）基于高校学生工作不同特点的知识管理策略分析。高校学生管理工作内容层出不穷，涵盖学生活动、学生就业指导、学生心理辅导等学生教育管理工作，也包含学生工作者的培训、学生工作团队建设等。不同部门、不同业务领域的特性决定了知识管理模式的不同，如图3-3所示。

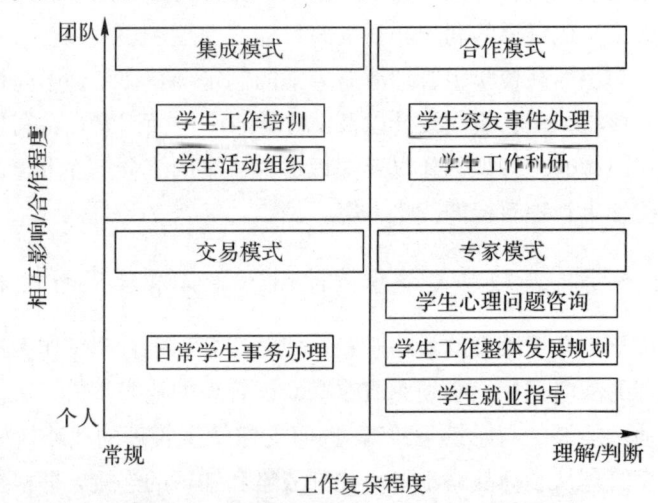

图3-3 高校学生工作不同业务领域对应的知识管理模式

3. 从系统的视角提升高校学生管理战略能力

从系统的视角来设计高校学生管理战略，有助于管理者理清工作的思路，创新工作方法，提高高校学生管理工作的能力，从而为高校的跨越式发展提供不竭的精神动力和强大的智力支持。

系统是指由相互联系、相互作用的各要素组成的具有某种特定功能的有机整体，系统的结构就是系统各要素的组织形式。不同的系统结构有不同的功能，在不同环境中所发挥的作用不同。从系统的视角设计高校学生管理战略时，不仅要考虑到系统要素之间的有机联系，还需充分注意到系统所处的环境，从实际情况出发，坚持实事求是的原则，最终做到系统、要素和环境的有机结合。

从系统的视角设计高校学生管理战略，就是要处理好组织、环境和人之间的关系。组织是指一定数量的人为实现既定的目标，通过一定的规章制度来约束组织成员行为的社会团体。

组织至少包括三个要素：一定数量的人、既定的组织目标和一定的规章制度。高校学生管理工作的主体自然是一个组织。组织工作的战略管理需要依靠并发挥组织成员的力量，通过相关的激励手段充分激发成员为实现组织目标的积极性、主动性和创造性。只有当组织成员的力量得到充分的发挥后，组织工作的战略管理才可以实施下去。

环境对人的影响是潜移默化而深远持久的。对于高校学生管理战略来说，从系统的视角来看，必须以所处的环境为基础，依据高校学生管理工作的实际，寻求解决问题的方法和手段，为高校学生管理战略提供现实的需求。

人是组织中最积极活跃的因素，同时也是最难于控制的因素。人具有主观能动性，如何发挥人的主观能动性对管理战略的实施有着十分重要的意义。从系统的视角设计高校学生管理战略离不开人的因素，人不仅是组织管理战略的实施者，还是组织管理战略实施的受众。实现学生的合理要求、维护学生的合法权益是高校学生管理工作的出发点和落脚点。

从系统的视角设计高校学生管理战略，能够实现组织、环境和人等各要素之间的有机结合，能够真正地从战略的高度促进高校的发展，提高高校自身的竞争力，最终达到促进学生成长成才的目标。

（二）基于知识的高校学生组织架构能力的提升

从知识的视角来看，知识需要在高校学生组织内部顺利地流动，在学生管理人员之间充分交流，这就需要对高校学生组织结构进行优化，充分利用并发挥组织的优势，为知识在学生管理组织中的顺利流动创造条件。

1. 基于知识的高校学生组织架构的原则

高校学生管理工作的对象是学生。随着外在的社会环境不断变化，高校学生管理组织必须采取相应的改革措施,而这种改革必须符合最基本的组织设计原则。

(1) 以核心能力为中心的原则。学生管理的核心能力是决定一所高校学生管理水平高低的最重要因素的汇合。因此,在设计高校学生组织架构时,要以核心能力为中心,将优势资源与精兵强将凝结在学生管理最重要的环节,进而凸显高校学生管理水平。

(2) 组织灵活的原则。在高校学生管理工作中,新的问题、情况可谓层出不穷,面对这些情况与问题,学生管理组织如果不能及时做出反应,会造成严重后果。因此,高校学生管理组织必须具有的一个特征就是应对变化的灵活反应能力。组织灵活性原则反映的是组织对于外部环境变化做出反应的迅捷程度。

(3) 知识价值最大化的原则。知识是高校学生管理中最关键的资源,因此,高校学生管理的组织设计要围绕着知识来做,力争最大限度地发挥知识的潜能,使知识价值在学生管理中得到充分应用。

(4) 最少层级的原则。传统高校学生组织架构基本以科层制为主,层级分明,级别众多。而这种组织架构不利于知识的传递与有效共享。因此,基于知识的学生组织架构应该遵循最少层级原则,打破原有的多层级桎梏。

(5) 组织柔性的原则。任何组织都应该具有相对稳定的结构,但这并非意味着一成不变。目前传统的高校学生组织架构由于过于强调稳定,而缺乏可塑性与灵活性。为了适应学生日益增长的个性需求,应对外界环境的迅速变化,学生组织架构要因时而变,因事而变,保持组织柔性,适时动态调整。

2. 基于知识的高校学生组织架构的模型

高校学生组织结构整体从传统的等级型金字塔模式向双中心互动型扁平模式演进。一方面,学生管理组织中的中间管理层逐步弱化,通过拓展管理幅度、减少管理层次可以提升管理效率;另一方面,发挥"学生事务中心"和"学生工作知识中心"的双向互动促进作用,可以提升高校学生工作效益,如图 3-4 所示。

第三章 高校教育教学中的学生管理创新

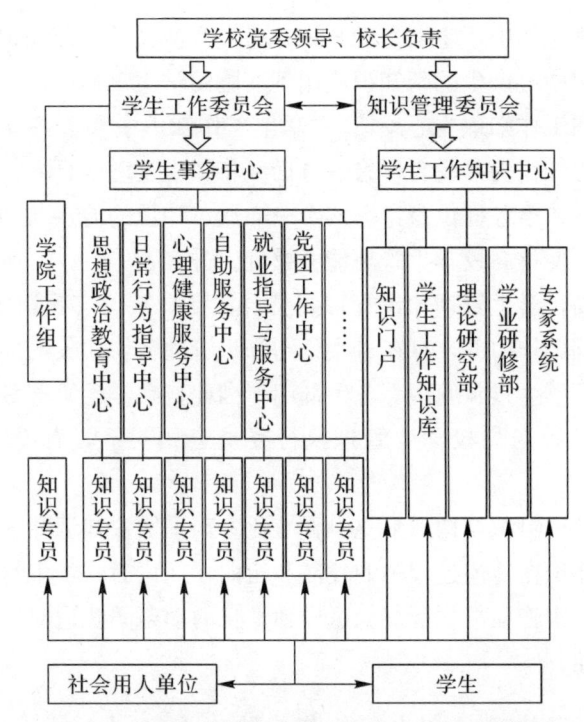

图3-4 基于知识的高校学生工作双中心互动模型

基于知识的高校学生组织架构具有以下特征：

（1）构建"学生事务中心"，增强为学生发展服务的能力。高校学生管理中的"以人为本"就是要把服务学生作为中心任务。因此，高校学生管理的教育方式是服务式的教育方式，高校学生管理人员是学生的引导者、启发者和服务者。高校通过构建"学生事务中心"，在服务中体现学生管理工作的价值。"学生事务中心"涉及学生日常所需的各个方面，从学习辅导、宿舍管理、文体活动、勤工助学、就业指导等方面全方位服务学生。

（2）构建"学生工作知识中心"，增强学生管理知识积累与提升的能力。通过"学生事务中心"各个部门的知识专员，搜集、整理、传播学生工作中的相关知识，统一汇总到"学生工作知识中心"，并对知识进行分类、整理、组织、存储、再开发与创造，接着将需要的知识和创新的知识再反馈回"学生事务中心"的各个部门。"学生工作知识中心"设立知识门户、学生工作知识库、理论研究部、学业研修部、专家系统等机构，对高校学生管理中的知识进行管理。

（3）"学生事务中心"与"学生工作知识中心"双向互动，促进高校学生管理能力螺旋上升。"学生事务中心"一方面是学生管理工作的知识源泉，在

63

实际的事务处理工作中产生大量的知识；另一方面又是工作知识中心的实践平台，将工作知识中心产生的新知识应用到实际的学生工作中，使新知识不断被检验，并及时向工作知识中心反馈。"学生工作知识中心"一方面是学生事务管理实践中产生知识的接受者，另一方面又将知识整理、合并、创新，为学生管理工作中的具体事务提供参考。两个中心通过知识的传递与共享，不断优化学生管理工作，使得高校学生管理能力螺旋上升。

（4）设立高校学生管理知识管理委员会，提高知识宏观调控和管理能力。在高校学生管理工作内部，存在着大量与知识管理密切相关的部门或团队，包括招生、就业、学生日常管理等各个部门，因此，在学生管理最高层成立一个知识管理委员会，与高校学生管理执行委员会相对应，有助于双方工作的开展。

（5）学生管理组织结构扁平化、弹性化。为了加快知识在学生管理组织中的传递，减少知识在传递过程中的耗散和扭曲，优化后的学生管理组织结构将压缩管理层级，实施扁平化管理。这样弹性化的动态团队适应性强，可增强工作人员的积极性。

3. 基于知识的高校学生组织架构的作用

基于知识的视角设计的高校学生组织架构，对于提高知识在学生管理工作系统内部的流动效率，快捷知识共享，激发学生管理工作系统学习型组织的建立，增强团队学习效率都有着积极的作用。

（1）有助于形成宽松、民主的学生工作体制，发挥工作人员的主观能动性。在学生管理共同愿景的吸引下，学生管理工作的氛围更加自由与民主，工作从以往的上级强行要求向工作人员追求自我价值与自我实现转化，可有效地激发学生管理人员的主观能动性与积极性。

（2）有助于形成项目化、网络化的组织结构。知识具有流动性，基于知识的学生管理组织中的人员同样具有较强的流动性。学生管理人员往往是根据各个学生管理项目的目标聚集，形成不同的研究团队与学术组合，充分利用现代网络办公的特点，利用QQ群、微信群、召开视频研讨会等方式讨论交流。在项目完成后，人员解散，就下一个项目重新组合，从而不断将知识在学生管理组织中高效传递与共享。

（3）有助于学习型学生管理组织的建立。从知识的视角建立的项目化的学生管理团队，要求学生管理人员对知识进行动态更新，及时关注高校内外的最新信息，使高校学生管理组织成为学习型组织。这种组织形态也是学生管理人员自身的需求,要想不被迅速发展的学生管理知识化浪潮淘汰,其自身必须要有积极学习、肯钻研的强烈愿望。

(4)有助于增强高校学生管理人员的团队合作精神。高校学生管理是一项系统工程,必须依靠高校学生管理人员之间的团队合作才能顺利完成。这个管理团队不仅包含高校学生管理人员,还应包含学生和社会用人单位。这样才能使高校培养的学生符合社会用人单位的需求,提高学生管理工作的效率与效益。

(5)有助于高校学生管理人员的相互影响、沟通和知识共享。这种沟通不仅发生在高校学生管理组织内部、高校学生管理人员之间、学生管理各个部门之间,还发生在高校学生管理组织与学生、社会用人单位以及其他高校等多个维度之间,可以帮助高校学生管理组织了解学生的想法与需要、社会用人单位的人才需求、吸取其他高校学生管理工作有益的经验与做法。

(三)基于知识的高校学生规范评价能力的提升

基于知识的高校学生管理在评价过程中应遵循全面客观、真实可信、合理规范和发展性的原则。评价本身不是目的,评价的发展性作用才是评价行为的目的所在。全面客观的原则要求高校在学生管理中对各个方面进行把握,既要以整体的角度去宏观了解,也要从部分的视角去发掘细节,做到整体与部分的有机结合,同时必须保持客观的态度,保证评价结果的公正性。真实可信的原则要求评价的整个过程坚持以事实为依据,保证结果的准确性,最终实现评价过程与结果的真实可信。合理规范的原则要求评价所采取的方法和标准必须规范合理并得到严格实施,确保评价结果的合理性和科学性。发展性既是高校学生管理规范评价的原则也是其目的,发展性的评价就是对评价结果做出具有发展性的报告,报告的内容包括针对评价过程中出现的问题形成指导性的意见和建议。

基于知识的高校学生管理规范评价需要规范的评价体系和原则来"保驾护航",同时高校学生管理的规范评价也会推进规范评价体系的完善和评价原则的升级。

1. 知识分类推进高校学生管理相关制度的体系化

高校学生管理的知识分类,是指在高校学生管理系统中可区分的、可访问的知识的分类模式,知识分类可以从整体上对高校学生管理所有的知识有一个整体性的了解,并在需要的时候知道到哪里可以找到有价值的知识信息。

(1) 高校学生管理知识分类对高校学生管理相关制度体系化的作用。

①明确展示高校学生管理相关制度的整体结构；

②使高校学生管理所有的相关制度都可以被明确标示，并可进一步加以分类；

③使制度之间可互相导航，包括从类别指向资源（人、文档和事件等）的链接；

④帮助高校学生管理人员快速准确地定位到他们需要的制度资源；

⑤通过内容分类，可以将内容提供者提交的信息分配到合适的位置；

⑥通过知识分类体系，可以更好地更新相关制度。

(2) 构建高校学生管理知识分类的原则。

①相互独立原则。在进行知识分类时，应保证不同规章制度间的界限清晰，切合紧密。不要对一个学生管理事件给予多重的制度要求，否则会令高校学生管理人员或者学生无所适从。

②方便原则。知识分类应符合高校学生管理人员的使用习惯，让高校学生管理人员能够清楚地知道不同制度的含义，能够快速找到需要的制度。

③稳定原则。应从高校学生管理全局考虑学生管理的制度体系，整个制度体系应当是相对稳定的，不会经常变动。

(3) 高校学生管理知识分类的方法。

①按学生管理的组织结构设计，适用于独立性较强的高校学生管理部门，如学生资助、就业、心理健康等部门。

②按面向对象，可以分为面向高校学生管理组织的制度、面向高校学生管理各类人员的制度以及面向学生的制度。

③按制度的来源，可以分为国家层面的高校学生管理相关制度、学校层面的高校学生管理相关制度以及学院（系）层面的高校学生管理相关制度等。

2. 高校学生管理工作中知识管理与制度的相互作用

(1) 知识管理有利于高校学生管理工作制度的更新与完善。学生管理相关制度的建立具有基础作用，这是学生管理工作得以顺利开展的机制保障。同时，相关制度的更新与不断完善也非常重要，随着内外部环境以及学生需求的变化，"老办法"有可能会产生"副作用"。在学生管理中实施知识管理，有助于将外部知识传递整合到学生管理组织内部，通过知识的外化与整合，形成新的学生管理工作制度，可以促进制度的动态更新与完善。

(2) 在知识管理的过程中，应针对高校学生工作制度的需求实现有效供给。高校学生工作制度的更新与完善受诸多因素的影响，例如，国家各部委的最新文件要求、学生工作的现实需要、学校对相关文件制度制定的意愿等。从知识管理的角度，就是要把相应的知识有意识地进行收集，有效地整合起来，并将其他高校相关文件制度的制定情况及时反馈给高校，为制度的制定提供有效的供给与支持。

（3）高校学生管理制度对知识管理具有支撑作用。知识管理需要高校学生管理制度作为支撑，高校学生管理制度对做好相应的知识管理具有积极意义。如建立高校学生管理的知识获取与存储制度，可以鼓励高校学生管理人员将零散的知识和信息整合起来，存储到学生管理工作知识库中，减少知识的获取成本及不确定性，节约知识存储的空间。高校可通过建立高校学生管理知识分享制度，对积极分享知识的学生管理人员给予奖励，对各个部门进行知识分享积分，形成有效的激励与约束，消除知识管理中的分享障碍。

（4）有效的知识管理需要相应的高校学生管理制度配合。与高校学生知识管理相关的制度较多，基本涵盖高校知识管理的全过程，通常从对高校学生工作知识的获取、积累、存储、检索、共享、利用、转化、知识服务等知识管理的全过程来设计相应的制度。通过相关制度的制定，并对高校学生管理人员进行有效的引导与规范，可以培养学生管理人员关注知识、重视知识管理的意识。

3. 基于知识的高校学生管理评价机制

如何对高校学生管理的水平进行有效评价？这是高校学生管理的一个热点问题。本研究尝试从知识的角度，探讨基于知识的高校学生管理水平评价体系，从而发掘学生管理工作的现状、发展潜力、可能存在的问题，并借鉴其他高校学生管理的优秀经验。同时，从对高校学生管理知识有效管理的维度，探讨知识获取、积累、共享、利用以及创新方面的状况，以发现问题，促进提升。目前关于基于知识的高校学生管理水平评价体系的研究较少，本研究以科学性、实用性、系统性、可操作性为设计原则，一方面结合高校学生管理工作的特点，另一方面借鉴部分组织中的知识管理评价体系，设计了基于知识的高校学生管理工作水平评价体系，如图 3-5 所示。

```
                              ┌─ 知识管理基础设施投入力度
                    知识管理    ├─ 知识管理战略和预算的制定情况
                    重视程度    ├─ 高校组织结构设置情况
                              └─ 知识管理工作整体负责人的地位

                              ┌─ 学生数量
                              ├─ 学生综合能力
                    学生培养    ├─ 学生科研能力
    基               质量水平    ├─ 学生就业情况
    于                        └─ 学生社会荣誉
    知
    识                        ┌─ 学术队伍
    的               学科建设和  ├─ 科学研究水平
    学               专业建设水平 ├─ 学术交流
    生                        └─ 课程建设水平
    管
    理                        ┌─ 学生活动管理
    工               学生管理工作 ├─ 学生日常管理
    作               水平        └─ 学生工作队伍管理
    水
    平                        ┌─ 知识库建设及应用水平
    评               知识网络    ├─ 知识门户网站建设水平
    价               建设水平    ├─ 智能问答系统建设水平
    体                        └─ 智能决策系统建设水平
    系
                              ┌─ 校园文化氛围
                    校园文化    ├─ 教师风范
                    建设水平    └─ 学习风气
```

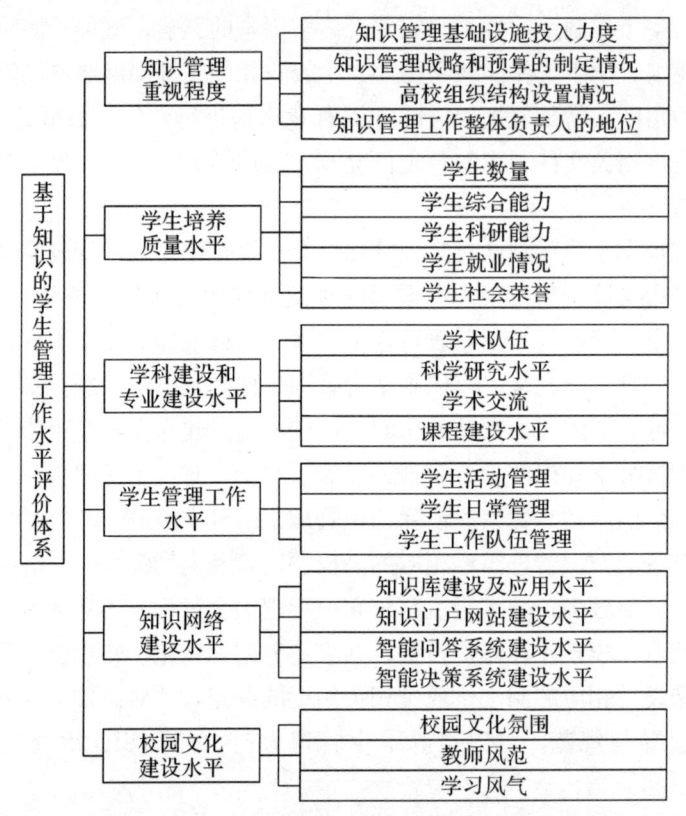

图 3-5 基于知识的高校学生管理工作水平评价体系

（1）知识管理重视程度。这涉及知识管理在高校学生工作中的定位问题，主要有四个维度［知识管理基础设施投入力度——有没有专门的办公场所与办公设施；知识管理战略和预算的制定情况——有没有专门的知识管理发展战略，提供专项经费保障；高校组织结构设置情况——有没有专门的知识管理部门；知识管理工作整体负责人的地位——是否设立学生工作知识 CKO（Chief Knowledge Officer，首席知识官）］，从多个角度探讨高校学生管理工作对知识以及知识管理的重视程度。

（2）学生培养质量水平。学生培养质量是高校人才培养的核心指标，也是高校学生管理水平的外在体现。其中，学生数量反映的是学校的办学规模，学生综合能力反映的是学生的人文素养、社会责任、表达沟通等综合素质，学生科研能力反映的是学生的学术研究水平，学生就业情况反映的是学生的就业率、就业层次与就业匹配度，学生社会荣誉反映的是学生在社会上的口碑与社会的认可度。

（3）学科建设和专业建设水平。学生管理工作相关的学科与专业，包含高校学生思想政治教育、高校学生管理、教育学、心理学、哲学等多个相关学科,其建设水平直接决定了高校学生管理是否有足够的智力源泉与智力支持。因此,可以从学生管理工作相关学科的学术队伍、科学研究水平、学术交流以及课程建设水平等维度,对学科建设与专业建设进行全面的评价。

(4)学生管理工作水平。高校学生管理工作水平是开展各项学生工作的基础,高校要树立"以学生为本"的理念,挖掘学生的现实需要,满足学生的成长需求。学生管理工作包括学生活动管理,主要指各种学生活动的策划、组织及实施;学生日常管理,主要指学生寝室管理、学生日常行为管理、学生资助管理、学生心理辅导、学生就业指导等涉及学生日常生活的方方面面;学生工作队伍建设,主要指学生工作人员的选聘、管理、使用与考核等。

(5)知识网络建设水平。知识网络的建设水平直接体现了学生管理的知识在学生管理中的应用状态如何,侧重考查高校学生管理工作知识库的构建与使用情况,如是否有统一的知识门户网站及其使用情况;是否有专门的学生工作智能问答系统与智能决策系统,以及各自的使用情况。

(6)校园文化建设水平。校园文化是一所高校围绕人才培养目标,基于实际的教育教学工作,建立的一整套学校价值观念、师生行为习惯等学校内部氛围。从知识的视角出发,主要考查其校园氛围如何、教师风范如何、学生学习风气如何等。

第三节 高校学生管理的创新措施

一、树立科学管理理念

(一)管理必须以学生为中心

1. 强调人的主体性

其一,我们都知道,人的主体性是人作为活动主体的质的规定性,是在与客体相互作用中得到发展的人的自觉能动和创造的特性。就此观点而言,在学生管理工作中,大学生既可以被视为管理的主体,又可以被视为管理的客体。这是因为高校学生管理的本质是对大学生进行相应的管理。从管理决策、组织实施、最终目标的实现等角度来看，都需要大学生的参与。如果在管理的过程中没有大学生的参与，那么该管理工作可以说是毫无意义的。由此我们可以认为，大学生是高校管理工作中的主体。其二，在高校学生管理工作中，大学生是被管理者。这是因为在管理过程中，大学生需要管理者的相关引导。如果仅从该方面来讲，那么大学生无疑是管理的客体。

由此可知，在高校学生管理工作中确立"以学生为中心"的思想是十分必要的，同时也是十分重要的。因为这一管理活动的实施归根结底是为了更好地服务于大学生。所以相关人员有必要尊重大学生的人格特点，并最大限度激发出学生所具备的主动性与创造性，使其能够主动接受管理，并以主体的姿态参与到自我管理活动之中。

2. 注重人的主观特性

人是具有思想和感情的动物，人的认识过程是较为复杂的。理性思维建立在人的欲望以及情感之上，正如俗话所说，"理乃情之所系"，从这一点不难看出，人的欲望以及情感等基本需求是理性的根本动力。如果人类的情感以及非理性本能被长时期压制，就不会有所谓的理性之光存在。

人与人之间必须具备一定的心理基础，才能进行相关信息的交流与传递。如果教育者与受教育者之间的交流是建立在信任的心理基础之上的，那么受教育者便会很愿意接受教育者发出的信息以及目标要求，且在此过程中产生积极的行为效应。

高校学生管理者和大学生是组成高校学生管理工作的两个重要组成部分。简言之，他们是由"人—人"构成的管理系统。在整个管理过程中，如果不渗透"人性"，不对师生情感加以重视，就很难调动大学生的积极性和主动性。因此，要消除管理制度中的冷漠性，就需要加入情感因素，使其作为润滑剂，提高管理工作的效果。

所谓情感管理，即管理者在管理过程中，要尊重人的个性特点，考虑人的情感因素。在高校中，情感管理强调教师与学生之间的双向情感交流，反对和防止任何践踏和伤害学生情感的管理行为。要做到"以情感人"，相关管理者就要在办事过程中做到急学生之所急，想学生之所想，真心实意地为学生服务。除此之外，还应当及时与学生进行沟通，争取在短时间内对学生的实际情况有所了解，有针对性地给予帮助和引导，从而达到最终的教育管理目的。

3. 尊重人的个体多样性

(1) 市场经济中有一个颇为重要的理念，即"客户不一定对，但是，客户很重要"。学生是学校的主体，这是不可否认的事实，学校应当以学生为中心。如果将上述所说的市场经济理念与学校教育结合起来，那么便可以得出"学生不一定都对，但是，学生很重要"这样一个观点。

只有相关管理者认清并接受了这个观念之后，才可能做好学生管理工作。师生之间的关系应当是和谐的，而不应当是对立的。教育者与被教育者之间的关系也是相辅相成的。因此，各高校定期举办师生交流活动是很有必要的。学生在接受教师教育的同时，也会对教师产生一定的影响；而教师在教育学生的同时，也在接受教育。

(2) 学生管理工作应当重在服务。服务是高尚的、相互的。可以说，每个人都是服务的对象。如果没有了服务对象，那么我们的工作也就失去了意义。"以人为本"是切实的。相关管理者不应当只将其作为口号喊喊便不了了之。

(3) 强调自我管理模式。该管理模式主要指学生在学校的正确指导下，运用现代科学的管理方法，根据学校教育的培养目标以及教育目标对自己的行为及思想进行自我调控。

要知道，激发学生的主动性、创造性和积极性是高校学生管理工作的重要目标之一。从这个角度来讲，高校管理的主客体具有相同的目标，即学生希望自己能够成才，管理者希望培养出优秀的学生。

那么，在信息、经济和科技发展迅猛的时代，学生管理工作应当向学生的自主管理转变，以便更好地适应新情况、新形势。在此过程中，学校管理者要让学生了解学校管理的目标，从而消除学生在被管理过程中产生的对抗以及消极思想，在真正意义上化管理为大学生的自觉行为。从心理学角度来说，没有谁喜欢被他人管理，人们往往可以接受领袖、楷模的影响，但很难接受管理。学校管理者在学生的自我管理过程中应该做到以下几点。

其一，让学生自己设定管理规范。这样在执行的过程中，学生的自觉性会更强。

其二，少一些限制，多一些自由；少一些制度，多一些文化。

其三，使学生主动参与到学生管理之中，并使其在该过程中充分发挥自己各方面的潜能，锻炼自己，同时约束自己的行为，最终成为具有健全人格、符合社会主义公民标准的人才。每一个学生都应有管理他人的机会，这样可以提高学生之间的理解以及沟通能力，同时发现更多的人才。但需要注意的是，在强化学生自我管理的同时,不要忘记帮助学生寻求及明确自我管理的最终目的和意义,引导学生正确运用自我管理的方法。

(4) 以表扬为主,建立激励机制。该方法主要是通过激发学生动机,引导学生行为,最终使其能够将内在潜力最大限度地发挥出来,从而实现自己制定的目标。常用的激励方法有以下几种。

其一,目标激励法。该方法可以增强学生的责任感。在激励的过程中,通过制定各种目标来引导学生不断朝着目标奋进,使他们在学习方面有奔头。

其二,信息激励法。这种方法可以使学生产生危机感,使其在学习过程中有适度的紧迫感。反馈给学生相关信息,可以达到使其奔着目标前进的目的。

其三,理想激励法。这种方法可以增强学生的自豪感,使学生朝着自己的理想奋进,实现自己的价值,努力积极面对生活、学习等。

其四,精神激励法。这种方法主要通过授予或者表扬的形式,使学生不断前行。该种激励方法主要是从大学生的文化精神生活方面出发。

其五,物质激励法。这种方法可以调动起学生的积极性,通过一些物质奖励满足大学生的日常生活需要。

(二) 以引导替代限制

在社会快速发展的过程中,不管是自然科学还是社会科学,都出现了诸多新问题。面对这些问题,不论是学生还是教师,都会感到不同程度的困惑。这说明我们不能简单地对某些事物持绝对的肯定或者否定态度。

管理者要善待少数人,因为他们手里往往握着真理。针对那些一时不能解决的问题,尤其是对与学生创新有关的事物,先不要去下定义或结论。管理者需要做的只是告诉学生什么是不可以做的,什么可以做的,什么是底线等。

对于一些思维比较活跃的学生,管理者不应当加以责罚或歧视,而是应当加以引导。师生之间也应当建立起相对和谐、良好的关系,心平气和地沟通,进行平等的交流和互动。

二、完善学生管理体制

其一,不断加强和完善学生管理工作机构建设,同时强化其组织协调功能;进一步梳理学生管理系统的各部门以及层次、岗位职责等,做到各岗位人、责、权的统一。

其二,促进基层作用的发挥,适当放权。与传统高校管理体制有所不同,当前的高校管理体制担负了双重任务，即对学生进行思想教育和行政管理，该双重任务主要以校、系两级职责分明、条块结合的学生工作运行机制和网络为显著特征。所以，基于该层面，各系应当具有开展学生管理工作的职责和权力，还应当做到责权统一。也就是说，要想及时发现并解决问题，高校就要适当下放管理权，这对于管理工作效率的提高也是有所帮助的。

其三，在实行学分制的同时，推行和实施年级辅导制。这主要是为了进一步强化以系为单位的年级管理，从而提高专业教学与班级管理间的融合度。需要说明的一点是，上述这种做法并不意味着对班级管理的否定，因为基于学分制的学生班级实质上仍是相对重要的学生单元组合，应当被纳入学生管理体制中。

通过对传统高校学生管理体制以及当前高校学生管理体制的深入研究，本研究认为建立"精而专"的学生教育管理部可以改善学生管理体制。高校有责任和义务担起我国社会主义建设的重任，为培养新一代现代科学技术的传承者和创造者尽心尽力。

从宏观上来看，要建立一个"精而专"的管理模式，就需要设立一个学生教育管理部，简言之，把各个部门兼职管理的学生事务交给学生工作管理系统来处理。这种管理体制结构实际上是对目前分化的学生管理机制的整合。

从某种角度上来讲，将"专兼管理"这种间接管理的模式转变为"精而专"的直接管理模式，能在一定程度上起到积极的作用。一方面，它有利于组建专业学生工作队伍，取消系一级学生管理的中间环节，形成畅通的信息渠道，从而提高整体工作效率；另一方面，它将"小而全"转变为"精而专"，可以使学生管理工作形成一个相对专一的学生工作体系。

除此之外，高校学生教育管理部还有以下几点作用。

其一，随着科技、经济、信息的不断发展，高校学生教育管理工作也在发生着巨大的变化。由于它所涉及的内容十分广泛，也就决定了它的内容相对复杂。学生教育管理部的出现，使招生、奖惩、勤工助学、心理咨询以及就业等一条龙服务得以顺利实现，可为大学生的健康成长，以及未来的就业提供较好的服务保障。由此可见，它使学生服务体系更为完善。

其二，高校学生教育管理部的出现，可减少诸多中间环节，摆脱复杂的工作局面，使工作更加迅捷有效。高校学生教育管理部具有一致的工作目标，其工作具有专一性和稳定性，可为高校学生管理奠定专业化基础。除此之外，各系在该体制下不再对学生进行管理，各系的领导便可主抓教学改革，从而使高校的整体教学质量实现质的飞跃。由此可见，它能在一定程度上推动学生教育管理工作向专业化以及科学化的方向发展。

其三，高校学生教育管理部将对全体学生管理干部进行统一管理，使相关人员的属性趋于一致，相对集中的管理对日常工作的安排而言也是极为方便合理的，能在很大程度上提高工作效率。

三、健全学生管理制度

（一）依法制定相关制度

在对大学生进行管理的过程中，高校应当根据相关法律制定并实施各种规章制度；除此之外，还应当对现有的一些规章制度进行完善或清理。高校应当保留和继承此前有效的改革成果以及方法，摒弃那些无效或是效果不佳的方法；同时，相关规章制度应与依法治校原则的要求相符。最重要的是，要使学生享有合法权益，这样才能切实体现出规章制度存在的价值。

（二）更正错误观念

将法律视为处理一切校园事务的工具和手段，是一种片面的观点。部分学校总是把法制化管理错误理解为"以法治校，以法代管"。要知道，这里所说的"管理"并不是管制的意思，而是管理与服务的统一。在管理学校的过程中，管理者应当时刻将法律作为最高权威和依据，因为法律不仅具有预防、警戒和惩罚违法行为的基本功能，还具有指引、评价和预测人们行为，保护、奖励合法行为，以及思想教育的基本功能。

四、改进学生管理方式

（一）学生管理工作进网络

1. 加强思想教育

高校提高大学生自控能力是很有必要的，应当定期举办一些关于网络知识以及心理方面的讲座，针对学生上网问题，对学生进行正反两个方面的思想教育，使学生形成责任意识，懂得分辨健康与不健康的信息内容，增强分辨是非的能力。

2. 加强网络管理

其一，各大高校应当从校园网主页的质量方面入手，严格入网要求。其二，各大高校应当与校园外界网吧进行联系，防止有害信息入侵。其三，各大高校应严格控制学生上网时间，确保其不会因熬夜过度而影响身心健康。

3. 鼓励和引导大学生参加健康活动

经历过高考之后，大部分学生会感觉大学相对自由，且在课程时间安排上比较宽裕，自然就会有更多闲暇时间。高校应当充分利用这些闲暇时间，开展一些健康向上的活动，如计算机比赛、古诗词朗诵大赛、校园歌手大赛等，并鼓励和引导学生参与活动，使学生在闲暇时间既能放松心情，又能得到各方面的锻炼。

（二）学生管理工作进社团

1. 提高校园社团文化的活动层次

目前，一些高校在建设校园社团文化的过程中，出现了"三多三少"现象：社团名目多，但具有吸引力的少；娱乐型内容较多，涉及思考以及启发型内容的相对较少；校园内部的活动颇多，但真正能够拿出去的东西少之又少。

造成上述这种现象的原因主要是校园社团文化活动层次普遍较低，因此，加强校园文化建设，使其更符合大学生的理解和欣赏水平是有必要的。

2. 加强对学生社团的管理

其一，学生社团应当在法律、校园规范允许的范围内活动，服从学校的各项管理规定。其二，当学校社团需要邀请校外人员举行相关学术或社会政治活动时，应当经过校方同意。其三，学生社团内创办的面向校内的刊物，须经学校批准，并接受学校管理。

3. 重视文化活动的长期性与实效性

部分高校只在一些重要节日举办相关活动，在其他时间举办活动的次数屈指可数。这种只追求轰动效应的行为，是不能在真正意义上使学生受益的。各高校应当减少或避免这种现象的发生，重视开展校园文化活动的实效性以及长期性。

第四章　高校教育教学中的教师管理创新

第一节　高校教师管理概述

高校发展离不开管理，管理讲究质量及效率，教师队伍的管理效能问题更是至关重要。稳定的教师队伍对高校而言无疑是最重要的，是高校改革和发展的基础，是培养创新人才的保证。但在知识更新快速的时代，随着人才市场的逐步开放，不稳定的高校教师队伍成了高校发展的阻碍。科学的管理理论可以帮助高校建立较为稳定的教师队伍。应用好管理理论中的激励理论，对教师队伍进行良好的管理，激发其工作积极性，对高校的发展有着极其重要的意义。

一、高校教师管理的内涵

针对高校教师管理这一概念，目前学界已有一个比较全面且准确的定义，即为了提高高校师资队伍的整体素质水平和人才培养的质量，促进高校健康、协调、快速的发展，实现高校人力资源的合理优化配置，建立一套科学的、合理的、可操作的教师管理制度，以求最大限度地调动教师的积极性和主动性，激发教师的创造性，实现最大的管理效能[1]。

人类社会的发展离不开"管理"的协调，有效管理才能促使群体实现共同劳动的目标。历经近百年的研究发展，西方学界针对"管理"的理论认知形成了不同学派，各学派对管理的界定各有不同，具体如表 4-1 所示。

---

[1] 沙颂：《社会学概论》，中国经济出版社，1998年，第 141 页。

表 4-1　不同管理学派对管理的典型定义

学派	定义
科学管理学派	管理就是效率
管理过程学派	管理的过程经历从计划、组织到协调、控制等一系列活动
行为科学学派	管理就是对人的管理
决策理论学派	管理就是决策，决策贯彻管理的全过程
管理科学学派	基于数学模型体现管理的逻辑程序，通过实施计划、组织、控制与决策等一系列活动过程以实现组织目标最优化
系统论学派	以客观规律为切入点影响系统的运行，确保系统保持良好状态

根据以上各学派最具代表性的"管理"定义，我们可将管理的含义概括为五个层面。其一，人是管理的主要对象。其二，协调是管理的重要手段。通过协调组织内外的关系、协调组织成员之间的关系、协调组织资源的配置关系等，实现管理的根本目标。其三，所有管理中的计划或组织过程，都要以明确的既定目标和活动标准为前提，确保组织内部成员有明确的、能统一执行的活动标准。其四，社会组织是实施管理活动的载体，一旦管理活动脱离组织，将失去其本质效应。其五，每个人的思想都是发展的、动态的，这就决定了管理的过程也应是动态的、多元的，只有符合人的特征性质，有针对性地实施管理，才能确保管理目标的顺利实现。

教师是学校组织的核心成员，是学校的核心利益相关者，也是重要的教育资源之一。教师素质如何直接决定了学校的教学质量如何。教师管理和教师发展状况决定了学校的发展状况。因此，高校教师管理具有重要的意义。

二、高校教师管理的特点

（一）教书与育人相结合

高校教师是教学、科研的主力军，承担着传授知识、培养技能、发展科学的光荣使命，同时又承担着教书育人，培养学生正确的世界观、人生观的重要职责。教书水平、育人效果好，将教书与育人紧密结合起来，已成为优秀高校教师的标准。只教书不育人的教师是不合格的、不适应现代教育发展要求的教师。教师在提高自身知识传授、知识运用能力的同时，也要提高自己的育人能力，使自己真正成为学生的导师、育人的模范。

（二）复杂劳动和创造劳动相结合

高校教师培养目标的高标准、高层次，教育工作的学术性、探索性，决定了高校教师工作具有高度复杂性和创造性的工作特点。高校教师工作作为一项具有复杂性的劳动，需要高校教师具有渊博的专业知识、丰富的教学经验、独立的研究能力以及较高的政治水平。教育对象的文化层次、年龄特征等又增加了工作的难度和复杂度。同时，高校教师要在有限的时间内，把丰富的现代科学文化知识加工成学生能接受的信息，进而转化成学生的智慧和才能，还要培养学生的良好品德及行为习惯。这些都需要通过教师的创造性工作来实现。

（三）个别劳动和群体劳动相结合

高校教师不实行坐班制，他们一般采取个别活动的方式来工作。无论在教学、科研上，还是在思想政治工作中，教师都有较强的灵活性和独立性。他们的工作时间、地点不受时空的限制，可以在 8 小时之内，也可以在 8 小时之外；可以在课堂上、教室中，也可以在其他场所。这种工作方式可以充分发挥教师的积极性、自觉性、主动性和创造性。

另外，教育也是一种群体的工作、合作的工作。因为培养人是一项系统的综合性的工程，需要学校各部门人员的合作才能完成，即需要教师个别劳动与教育工作者的群体劳动相结合、相配合才能完成。单纯强调其中的一个方面而忽视其他方面的教育，是片面的、不和谐的教育。

三、高校教师管理的制度

基于以上界定，本研究将高校教师管理制度界定为：针对高校从事一线教学或科研工作，并且具备高校教师资格以及不同等级的高校教师专业技术职务资格的教师群体，实施的一系列激励、保障和约束等管理活动，从而合理地配置教育资源，促进高校教师的发展。

对于高校教师管理制度，有些学者称之为高校师资队伍建设或高校高素质人才队伍建设，还有学者称之为高校教师管理，这些概念的内涵基本相同。此处探讨的高校教师管理制度，是基于一般性的高校教师管理制度，针对高校的特点和高校教师的特殊情况，讨论如何建立起一套科学合理、可操作性强的教师管理制度。教育部在《关于新时期加强高等学校教师队伍建设的意见》中提出了新形势下高校教师管理的 24 字方针，即"按需设岗、公开招聘、平等竞争、择优聘任、严格考核、聘约管理"。高校教师管理的内容比较广泛，涵盖了教师资格制度、教师职务制度、教师聘任制度、教师培养制度、教师考核评价制度、教师激励制度、教师退休制度等，这些制度构成了系统的高校教师管理制度。

本研究主要针对高校教师管理的核心环节即教师聘任制度、教师培养制度、教师激励制度、教师考核评价制度进行研究。教师聘任制度是教师资格制度和教师职务制度之间承上启下的重要环节，是教师管理制度的核心。教师培养制度是改革教师教育、提高教师专业化水平的重要环节。教师激励制度是为了达到既定目标而采取的一系列激发教师潜能，调动教师工作积极性和自觉性的组织系统。教师考核评价制度的目的是选拔人才，充分调动教师的积极性，考核的结果可以作为续聘、解聘、职务变动和奖惩的依据。

（一）高校教师聘任制度

《中华人民共和国教师法》第十七条规定："学校和其他教育机构应当逐步实行教师聘任制。教师的聘任应当遵循双方地位平等的原则，由学校和教师签订聘任合同，明确规定双方的权利、义务和责任。"

教师聘任制度是基于双方自愿平等的原则，由学校或者其行政部门根据教学的需要，聘请有资质的人员担任教师职位的一项制度。学校和教师基于平等、自愿的原则签订劳动合同，并明确双方的权利和义务。教师聘任制度包括招聘、续聘、解聘和辞聘等形式。招聘是指高校根据教学需要面向社会公开选拔具有教师资格的人员。招聘通常具有公开、直接、自愿、透明度高等优点。续聘是聘期满后，高校与教师继续签订聘任合同，学校对教师在聘期内的工作满意，教师对所从事的岗位和所获得的报酬满意，双方自愿续签聘任合同。解聘是指用人单位因某种原因不宜继续聘任教师，双方解除合同关系。聘任合同具有法律效力，用人单位在解聘教师时应有正当理由，否则应承担相应的法律责任。辞聘是指教师主动请求用人单位解除聘任合同的行为。对辞聘要区分各种不同的原因，分清各主体所应承担的相应法律责任。

（二）高校教师培养制度

教师培养是高校不断发展的一个重要环节。它不仅有利于促进学校的学科发展，同时对加强教师队伍建设有着积极的推动作用。高校教师培养是指通过多种形式、途径和方法提高教师的政治素质和业务素质，培养教师的创新能力、职业道德等综合素养。

《中华人民共和国教育法》第四章专门就教师的培养和培训做了规定。关于教师的培训，《中华人民共和国教师法》第十九条规定："各级人民政府教育行政部门、学校主管部门和学校应当制定教师培训规划，对教师进行多种形式的思想政治、业务培训。"第二十条规定："国家机关、企业事业单位和其他社会组织应当为教师的社会调查和社会实践提供方便，给予协助。"教师培养主要是针对那些已经具备资质的教师，通过组织他们进行业务学习，掌握教学理论和教学方法，提高政治素质和业务水平，从而培训一批各学科的带头人和教育教学专家。

针对高校教师的培养，则应采取各种有效的方式，有组织、有计划地进行教育和培训，以在职培养为主，使教师更好地履行岗位职责。《高等学校教师培训工作规程》第三条指出："高等学校教师培训工作要贯彻思想政治素质和业务水平并重，理论与实践统一，按需培训、学用一致、注重实效的方针。坚持立足国内、在职为主、加强实践、多种形式并举的培训原则。"该规程第五条还指出："培训对象要以青年教师为主，使大部分青年教师更好地履行现岗位职务职责，并创造条件，及时选拔、重点培养在实际教学、科研中涌现出来的优秀青年教师，使之成为学术骨干和新的学术带头人。"高校教师培养的方式包括在职培养（包括在教学和科研实践中培养和在职培训，如参加国内外高水平的学术会议、交流讲学、著书立说、与国内外同行进行合作科研等）、脱产进修（包括做访问学者、出国留学或合作研究等形式）等。

（三）高校教师激励制度

高校教师激励制度，就是高校为了达到既定的工作目标，采取的一系列激发教师的内在潜力，使其切实感到力有所用、才有所展、劳有所得、功有所奖，自觉努力地朝着预期目标奋进的方法、措施和程序的总称，是一个充分调动高校教师积极性和创造性的动态组织系统。

健全有效的高校教师激励制度具有激励内容的生动性、激励形式的促进性、激励目的的引导性和激励本质的科学评价性等特点，它能使教师在心灵深处树立奋斗目标，构建约束性行为规范，形成勤奋地、持久地进行创造性劳动的动力。

（四）高校教师考核评价制度

《中华人民共和国教师法》第五章专门就教师考核做出了规定。教师的考核是指各级各类学校和其他教育机构以《中华人民共和国教师法》《中华人民共和国教育法》为依据，按照关于教师考核规定的考核内容、原则、程序、方法，对教师进行考察和评价，以激励教师忠于职责，为教师的职务聘任、晋升工资、实施奖惩、培养培训等教师管理工作提供法律依据。

高校教师考核应当客观、公正、准确。对教师的考核要从客观实际出发，实事求是，全面地对教师做出合理的评价，防止凭主观印象考核教师。考核的公正性关系到教师考核工作的成败，考核时应严格按照考核标准、程序、办法进行。在客观公正的基础上，考核要做出与教师实际表现相符合的评价，杜绝夸大或贬低。教师考核的结果应和教师的受聘任教、晋升工资、奖惩挂钩，和教师的切身利益相结合，否则就失去了教师考核的意义。

第二节 高校教师管理能力解析

一、高校教师管理能力的概念和研究意义

（一）高校教师管理能力的概念

高校教师管理能力指的是高校教师为实现教学目标，在管理过程中建立并维持的一种行为表现。

高校教师管理能力的高低直接影响教师教学的质量，也会对学生学习产生极大的促进作用或消极作用。教师是课堂教学的主要力量，是影响高校教育教学水平的关键所在，高校教师管理能力是高校教师有效教学的重要保障。

（二）高校教师管理能力研究的意义

现代社会的竞争，归根结底是人才的竞争，我们民族的希望和发展就在于我们的学生接受了怎样的教育。在现今的社会形势下，高校的管理工作要不断改革，适应社会发展的需求，这对高校教师管理能力也就有了新的要求。

高校教师管理能力直接影响着教学效果，影响着高校教育教学的质量和发展，也影响着教育事业的发展，影响着学生的未来，因此，对高校教师管理能力的研究具有重要意义。我们要顺应社会发展的需求，注重人才的培养，不断提高高校教师管理能力，改善其不足之处，为高校教育事业的发展贡献自己的力量。

二、高校教师管理能力的类别

(一) 高校教师知识管理能力

1. 高校教师知识管理能力的内涵

创新型国家的建设离不开创新型人才的培养,高校教师在创新型人才培养中扮演着传递、应用和创新知识的角色。创新型人才培养这一任务的顺利完成取决于高校教师知识管理能力的高低。教师个人的职业发展在很大程度上依赖于其知识管理能力的高低。因此,知识管理对于高校和高校教师而言极具价值和迫切性,高校教师需要尽快提升自身知识管理能力,同时高校应创设环境、营造氛围,积极推动高校教师知识管理能力的提升。

(1) 知识取得能力。取得导向的知识管理能力是指获得知识的能力。通常人们可以通过有效学习积累知识。创新也是一种获得知识的途径,不过它是利用已有的知识来创造新知识,在创造的过程中需要投入更多的努力。标杆学习和联盟合作也是获取知识的有效途径。教师可以通过标杆学习明确自身的差距,在评估差距的过程中,不断获取新知识。教师可以在与他人或组织合作的过程中发现彼此的差异,从而有可能创造出新知识,这种合作互动将会有效促进参与者的学习,促进知识的社会化。

(2) 知识转换能力。转换导向的知识管理能力就是组织、整合、协调及传播知识的能力,即知识形态的变迁和知识客体的自我更新。在这一转换过程中,个人拥有的独占知识,经过组织的管理和激励作用,转变为不依赖具体的个人、能被或已被组织中其他成员运用的知识。组织必须通过有效的手段使教师个人现有知识形成一定的标准,以便于管理和传播。这些经过整合的知识,更有助于其他成员和组织的吸收和应用。因此,不同个体的知识必须被整合,才能达到更高的利用效率。

(3) 知识应用能力。应用导向的知识管理能力指的是知识的实际运用能力。一般认为知识一旦被创造了,个体获得了相应知识,自然而然就会有效地使用它。但实际情况并非如此。知识储备丰富而能力平平者比比皆是,这主要是由于人们的知识应用能力不强。教师知识的应用,主要是指教师将学习到的知识转化成可在教学中被呈现的资源。有效的知识获得能力和转换能力可以让组织和个人迅速取得知识。对知识进行管理的一个更重要的目的是应用知识以获取竞争优势,而非单纯地拥有知识。通过对知识的有效应用能够提升效率、减少成本,从而使组织获取竞争优势。

(4) 知识保护能力。安全导向的知识管理能力,就是保护组织内的知识资产,避免流失到组织外部。组织的知识资产是组织获取竞争优势的关键来源,必须是稀有且难以模仿的,因此,知识资产能否得到完善的保护至关重要。高校教师必须具备知识保护的意识和能力,要借助于组织资源强化对自身独有知识资产的保护。高校在利用国家相关法律进行知识保护的同时,还应该制定相应的规章制度,对重要知识的取用做出一定的限制。

2. 高校教师知识管理能力遵循的原则

有效的知识管理活动将通过分享、学习与传播而发挥隐性知识外显化的作用。高校在开展知识管理时要遵循相关原则,以促进高校教师知识管理能力的不断提升。

(1) 分类保存原则。对高校现有知识进行分类保存是做好知识管理的基础。通过对现有知识的分类保存能进一步提升学校的组织效能,同时避免因为关键人才的离职造成"知识流失"。通过知识的累积与保存能及时分享老教师的知识经验,使新教师尽快适应岗位要求,从而达到知识共享的目的,促进组织的进步与成长。对组织现有知识的保存不仅是显性知识的累积,更重要的是对隐性知识经验的延续,这需要学校建立起乐于分享的学习文化,将优秀教师的经验和智慧通过知识螺旋的作用转化为显性知识。

(2) 交流分享原则。知识交流分享与共用是高校知识管理活动的核心,知识只有在交流分享与共用中方能实现使用价值,同时也为知识的创造与更新提供必要条件。通过交流分享,每位教师能以最小的成本获取最有效的知识。实践中,教师日常的教学工作通常是独立进行的,在学校中分享知识并不是教师们自然形成的行为,更多处于被动状态。这就需要组织营造一个促进知识分享和合作的空间,形成知识社群,充分利用学校内部和外部网络资源,不断促进知识的传播和流动,进而提高学校应对环境变化与教育改革冲击的能力。

(3) 信息科技化原则。知识管理的实施,技术上就是利用计算机网络进行快速高效的知识传播,从而实现知识共享和知识创新。因此,高校知识管理的关键就是建立学校计算机网络技术管理平台,通过这一平台实现对知识的获取、储存、交流、共享、创造与更新。面对难以结构化的隐性知识,交流平台的构建将是高校实施知识管理成败的关键。如何将广大高校教师的内隐知识通过交流平台外显,并将外显知识经由网络平台的交流而内隐化,将成为影响高校知识管理成效与质量的关键问题。

（4）价值创新化原则。高校的核心竞争力在于知识的创新，可以说知识的创新是其进行知识管理的最终目的，而创新效能的展现也是高校评价其知识管理效能的基本标准。创新是学校保持知识优势的重要机制，通过创新能进一步丰富学校知识库的内容。为进一步促进知识创新，高校应当把知识资源、教师与管理者进一步整合，在交流分享中创新知识，把创新贯穿于知识管理的整个过程。

（5）学习成长化原则。知识经济时代，知识的成长首重创新，而创新的核心与原动力在于学习与成长。因此，持续不断地学习与成长将为高校教师带来新理念、新知识、新技术与新契机。不论高校还是教师本身都应该以持续的学习为推进器，通过有效地分享与交流学习，促进高校和个人发展。

（6）领导实践化原则。知识管理活动的有效开展离不开高层领导的支持，这种支持首先源于领导者理念的转变。在知识创新的背景下教师不仅是知识的传递者，更是知识的生产者和知识的促进者，教师已成为高校获取竞争优势的关键来源。在这一理念的推动下，领导者要努力使高校转化为学习型的组织，促进教师及不同部门间彼此分享理念、分享成果，激励出新的知识火花，使高校在不断创新知识管理的过程中提升自身的核心竞争力。对高校而言，领导层需要在知识管理实践中不断研究和探索，以谋求在高校知识管理实务与理论上更大的突破。

（二）高校教师情绪管理能力

1. 高校教师情绪管理能力的内涵

高校教师情绪管理能力就是指教师在工作与生活中要努力克服消极情绪，培养积极健康的情绪，并且做到二者相互协调与相互包容。具体做法如下：

（1）努力克服消极情绪。高校教师在工作与生活中不可避免地会遇到各种压力，进而形成一些不良的消极情绪。针对这些消极情绪，高校教师应该学会建立一种情绪疏导机制，根据具体的情境适当地选择和表现情绪，切不可把消极情绪带入课堂，更不能使其影响到学生的学习及其他教育教学工作。高校教师应该通过适当的方法来宣泄自己的负面情绪，尽量做到不影响教学质量与师生关系。

（2）培养积极健康的情绪。高校教师是教学过程中的主导人物，他们的一举一动都会直接影响到学生的学习情绪，乃至影响到学生的学习效果。因此，高校教师应该是一个成功的情绪构建者,要认真仔细观察学生的情绪变化,要以自己积极乐观的情绪为学生营造一个健康和谐的教学环境,这样才有利于学生高效地学习。

2. 高校教师情绪管理能力的价值

(1) 保障身心健康。情绪是个体对客观事物的态度体验和行为反应,情绪对其他心理活动具有较强的组织作用,这种作用表现为积极情绪的协调作用和消极情绪的破坏作用。自信、快乐、幸福、信任等积极情绪,是维护个体身心健康的基础,会激发人的心理潜能,保证活动效果;而恐惧、焦虑、抑郁、冲动等消极情绪,是一种破坏性的情绪,长期被这些心理问题困扰会导致身心疾病的发生。如果高校教师具备良好的情绪管理能力,就能避免不良情绪的恶化,保障高校教师的身心健康。

(2) 保证教学效果。高校教师的不同情绪状态对教学效果有着直接的影响,高校教师消极的课堂情绪状态会直接导致教学效果的下降。高校教师的情绪状态会对整个教学活动的效果和质量产生重要的影响。如果高校教师情绪低落,并且不懂得对自己的消极情绪进行调节和控制,那么必然会影响学生的学习效果,降低教学活动的质量。而具备良好情绪管理能力的高校教师,能够在课堂上充分调动自己的积极情绪,感染学生的情绪状态,进而调动学生课堂学习的积极性和主动性,保证课堂教学活动的有效开展。

(3) 改善师生关系。情绪管理能力不仅包括对积极情绪的激发和对消极情绪的调节,还包括良好的情绪知觉能力和理解能力。教师和学生之间是教和学的关系,更是平等的人际交往关系,教师鼓励的眼神、尊重的语言、肯定的语气都能拉近师生之间的距离。善于觉察学生情绪状态的高校教师,更能敏感地发现学生的情绪变化,对学生的不良情绪进行引导和疏通,建立良好的师生关系。

三、高校教师管理能力的提升

(一) 高校教师知识管理能力的提升

1. 加强高校领导层作用,重视教师知识管理能力

对一个组织而言,高层领导的理念、构想以及决策的魄力和信心是影响知识管理工作成败的关键,特别是在营造氛围、投入资金、配备人员、机构设置等方面,具有不可替代的作用。在知识管理中,由于高校教师是专业的知识工作者,所以,高校领导层必须充分发挥领导者的功能,使高校教师个人的内隐知识得以外显,并加以分类编码,以利于知识的保存、传播和利用,进而使组织的知识能不断地创新,提升知识管理的效率。此外,领导层应通过有效的领导行为让教师感受到组织对自己的信任与支持,从而提高其忠诚度,降低组织关键人才的流失率,这是组织拥有智慧资本的关键。高校领导层还要真正了解各项政策在推行时有没有困难。只有高校领导者能够认同知识管理的理念并大力支持推行知识管理,才能使高校教师的知识管理成效良好,不断地提升高校教师知识管理能力。

2. 鼓励知识分享的意愿,创新校园文化良好氛围

教师知识管理能力提升的关键一环是教师自身有主动分享知识的意愿。由于知识管理强调知识的分享与创新,因此高校教师的行为必须朝着合作、共享的方向发展,而这有赖于组织文化的改变。知识分享的重点,是适时将有用的知识传递给需要的人,共享和交流累积的宝贵知识,让共享和交流成为一种社会文化。改变人的行为一直被视为组织推动知识管理最大的障碍之一,克服这样的障碍最有效的做法就是改善组织的风气与文化,建立专业的社群团队,使高校教师之间愿意分享、懂得合作、乐于创新,如此才能使各方从知识管理的改革中获得最大的效益。影响高校知识管理工作成败的关键问题是高校教师之间没有真正建立分享、合作的观念,所以高校必须积极营造鼓励知识分享意愿与创新校园文化的良好氛围,让广大高校教师心甘情愿地分享自己的内隐知识。

3. 强化信息科技的应用,构建高效绩效考评体系

组织知识运作是借助于科技将人员与信息结合,再利用分享的组织文化加速知识的累积与建立。因此,知识管理与信息科技有着密不可分的关系。信息科技可以协助制作知识分布图,形成讨论区,以便发现无形知识,或是建立知识数据库,以整合有形知识,让成员可以清晰简便地从数据库中撷取想要的知识,这些都有益于组织成员间彼此知识的交流与共享。但是,值得注意的是,相关信息科技的开发与应用,只有符合组织成员的需求,才能有利于成员的使用。信息科技的出现使得知识的流通速度加快,网络使人与人之间可以迅速交换彼此的看法、经验。然而,只是运用信息科技的工具与概念来设计知识管理

的系统，便落入了知识管理的陷阱。信息科技固然重要，但仍必须使人们乐于分享知识，两者相辅，才能实现知识管理。少了信息科技的辅助，知识管理的工作将显得困难重重且没有效率，高校教师知识管理能力的提升也就无从谈起。

组织为有效协调及控制成员的活动，促进知识管理成功，一方面必须制定相关激励制度，明确知识评选及分享的考评标准、知识流通的渠道，并辅以在职培训、职业发展相关政策。由于知识通常无法被精确地衡量与评估，也缺乏明确的评价标准，分享知识的高校教师无法获得适当的报酬，从而导致高校教师不愿进行知识分享。因此，适时运用物质奖励、加薪及晋升，或者制定相关表彰制度，使高校教师在分享过程中获得肯定、尊重、成就和满足感，可以增进绩效评价效果。另一方面，在设计激励制度的同时，制定一套翔实且完善的知识收集、评选与知识分享的考核标准也非常重要。知识的评选标准不仅可以替组织发现何种知识是需要的，更可依此标准分类、储存知识。而知识分享的考评制度，更是知识管理流程中的重点。因此一套高效的知识管理绩效考评体系将为高校教师知识管理能力的提升提供制度保障，有效促进高校教师知识管理工作的开展。

（二）高校教师情绪管理能力的提升

1. 掌握情绪管理技巧，提升情绪知觉能力

高校教师的情绪管理能力包括对自己和学生的情绪管理能力两个方面，这要求高校教师掌握情绪管理技巧，对自己和学生的情绪进行有效管理。课堂教学是教师和学生的双向互动，高校教师的积极情绪有助于其拓展教学思路，激发学生积极情绪，提高教学监控能力，保证教学质量。而高校教师的消极情绪则会限制其思维，降低其课堂反应的敏感度，影响学生课堂情绪，不利于调动学生的学习兴趣，无法达到预期的教学效果。因此，对于高校教师而言，更应该积极主动地掌握情绪管理技巧，在教学过程中，高校教师可以通过对学生面部表情和身体语言的觉察，感知学生的情绪状态，及时调整自己的课堂节奏和授课方式，提升情绪知觉能力。

2. 调整情绪认知模式，提高情绪理解能力

情绪认知理论认为，对刺激情境的认知评估在个体情绪的形成中起着重要作用，因此，作为高校教师更应该提升自己的情绪理解能力，建立理性信念，

避免陷入非理性信念的误区。一般来说，不合理的信念具有三大特征：绝对化要求、过分概括化和糟糕至极。具体到教学活动中可能表现为"学生必须什么都听我的，否则就是不尊重我""我今天竟然在课堂上发生这样的失误，看来我真的不适合当老师"等一些不合理信念，当出现这些想法时，教师会产生各种各样的消极情绪反应，甚至认为"只要客观事实不改变，我的情绪就不可能变好"。所以，高校教师必须树立正确的情绪管理信念，了解情绪管理具有很大的自主性，用合理的信念代替不合理的信念，提高情绪理解能力。

3. 营造良好的心理氛围，建立心理支持系统

高校教师面临着各种各样的压力，包括职称压力、科研压力、人际交往压力等，一些负面的生活事件也会对其情绪状态造成影响，因此，高校可以根据自身条件和师资力量建立教师情绪关爱小组，通过讲座、座谈会、讨论小组等形式，普及情绪管理基本常识，使高校教师了解情绪调节的方式方法，为高校教师的情绪管理提供专业的指导和建议，全面提高教师的情绪管理能力。高校也可以通过团体心理辅导的形式，为高校教师情绪管理能力提供心理支持，在团体心理辅导的过程中，可以通过自由讨论、角色扮演、行为训练等方法，使高校教师理清自己的情绪问题，看到问题的症结，发现自身的潜能和力量，觉察情绪不但可以管理且具有极高的自主性，我们可以做自己情绪的主人。同时，高校也可以建立情绪宣泄室，为高校教师消极情绪的释放找到一个安全的出口，使高校教师将平时郁积在心中的消极情绪宣泄出来，从而减少消极情绪对高校教师教学和生活的不良影响。

第三节　高校教师管理的创新措施

一、高校教师管理指挥系统的创新探索

（一）高校教师管理指挥系统的建立

高校教师管理指挥系统的功能在于联结领导者与被领导者之间的关系，通过一定的管理措施和良好的沟通以及领导者的组织等，有效激励被领导者为完成管理目标而努力。高校教师管理指挥系统一般包含以下几个方面的内容。

1. 人员系统

人是指挥系统的主体，离开了人就谈不上人与人之间的关系，也就谈不上指挥与领导。指挥系统中的人员包括指挥人员和被指挥人员，他们处于不同的位置，具有不同的职责。这是由组织系统中的职务结构决定的。

指挥人员借助组织赋予的权力行使其指挥的职责，采用一定的手段，促使被指挥人员完成指挥人员认为必须完成的任务（指令），而被指挥人员则接受指挥人员的指令，执行和完成任务。当然，被指挥人员不是被动地接受指挥人员下达的任务、消极地完成任务。一个完善的人员管理系统应该充分发挥被指挥人员在指挥系统中的重要作用。

在高校教师管理指挥系统中，管理者中的一部分处于指挥人员的地位，通常被称为领导者。领导者根据目标的要求和工作的经验，提出某一阶段的任务及完成办法，但是，领导者对目标的理解也不一定是完全正确的，其精力也不可能永远充沛，其所下达的某项任务与整体目标发生偏差的事是不可避免的。这时候就需要被指挥人员深入思考、提出问题，并及时解决问题，以保证整体目标的实现。当然，在一般情况下，这种调整需要得到指挥人员的首肯，这样才能保证指挥系统的协调运行。高校教师管理指挥系统更需要这种协调。

2. 信息系统

除了人员系统之外，一个指挥系统必不可少的是人与人之间的信息沟通。这些信息包括指挥系统内部的（如指挥人员下达的任务等），也包括指挥系统外部与内部交换的信息（主要为环境信息），指挥人员不仅需要了解组织内部及组织对象的一般信息、被指挥人员处理信息的能力、组织对象的行为表现等，还要善于发现环境信息，为决策提供基本素材。新的社会形势给高校教师队伍建设带来了巨大的挑战，所以，指挥人员根据对环境信息和组织内部信息的综合分析，及时调整决策，对于稳定教师队伍、提高教师队伍基本素质、激发教师的工作热情都十分必要。

3. 制度系统

在一个指挥系统内，指挥人员不可能事事都照顾到，事事都亲自做出决策。一些常规性的管理活动往往并不需要由指挥人员发布任务。事实上，建立完善的管理制度系统是指挥人员直接指挥的一个重要形式。对于一些常规性教师管理内容，通过一定的制度形式规定管理的具体办法，实际上也是指挥系统必不可少的重要内容。我们知道，人的精力毕竟是有限的，指挥人员应该把这有限的精力用到处理大事上去。对于一般的管理问题，指挥人员可以通过下放指挥权的办法让被指挥人员来解决，更重要的是要用制度的形式使任务规范化，增强制度的严肃性和权威性，以达到使被指挥人员接受指挥人员间接指令的目的，从而使指挥系统更有效地发挥作用。这样做既可以提高指挥系统的效率，又可以保证指挥系统不因一些人为的因素而失去效力。实际上，如果每一项管理活动都由指挥人员直接指挥才能产生效力的话，那么管理本身的效率将十分低下，是不可能适应现代管理的基本要求的。现代高校教师管理指挥系统需要建立完善的制度系统。

4. 控制系统

由于领导者不可能永远正确，那么领导者发出的指令也就有可能偏离高校教师管理的目标。特别是当某些管理指令被制度固定以后，管理系统在运行的过程中，或者由于管理者对制度的理解存在偏差，或者由于制度本身不适用于新的形势而造成管理上的失误，进而导致管理指挥系统失效。因此，管理指挥系统本身应该具有自我控制的功能。这项功能是由其控制系统来实现的。就高校教师管理系统来说，一般作为控制系统的可以是教师管理委员会等。这一系统就教师管理过程中出现的指挥失误或执行失误加以调整和纠正，以保证管理行为不偏离应达到的教师管理的整体目标轨道。

以上系统组成了高校教师管理指挥系统，缺一不可。人员系统是高校教师管理指挥系统的主体，是管理信息制度的制定和执行者；而信息系统为指挥系统提供中介，保证了指挥系统的有效运行；制度系统是指挥系统概念的延伸，可以保证指挥系统的高效率；控制系统则是指挥系统不偏离整体目标的重要保障。

（二）高校教师管理指挥系统的完善

建立高校教师管理指挥系统是高校教师管理组织建设的重要内容。而高校教师管理指挥系统的维护和进一步完善则是高校指挥系统发挥效力的必然要求。任何系统都有其建立和维护的过程，系统的维护往往比系统的建立更为重要和复杂。事物总处于变化发展之中，这种变化发展不仅体现在物质生产、经济活动领域，也体现在高校教师管理指挥系统中，因此，高校教师管理指挥系统应该能充分适应这种变化，不仅要通过自身的控制系统来适应变化，更重要的是要在控制系统控制的范围之外完善指挥系统。

1. 人员系统的完善

高校教师管理指挥系统是以人为主体的系统。人员系统是高校教师管理指挥系统中最重要的系统之一，其完善程度关系到指挥系统的运行状况。

（1）人员素质的提高。要完善人员系统，首先要提高人员素质。人员素质的提高包括两个方面的内容：一是指挥人员素质的提高，二是被指挥人员素质的提高。

指挥人员素质的提高主要指政策水平、领导能力和领导艺术的提高，特别是决策能力的提高。指挥人员应该具备掌握管理内容、管理信息的能力，具有处理突发事件的能力，特别是要有善用人、激发人的积极性的能力——管理者在这方面的能力要更强，因为教师通常是一些高层次的优秀人才。这就需要管理者特别是指挥人员，具有较高的基本素质和领导素质。

被指挥人员素质的提高是完善人员系统的重要内容。一切管理活动都是通过被指挥人员才得以实施的。被指挥人员通常是指教师管理组织中的一般管理者，其素质的提高主要包括：管理学科知识的增长，对教师心理素质、行为特征理解能力的训练，教师管理的特殊方法训练等。

人员素质的提高通常有以下几种方法。

①脱产进修。掌握管理理论知识、教育科学知识最好的办法就是脱产进修。通过一段时间的学习和提高，达到完善知识结构的目的。

②在实践中积累经验。教师管理活动是一种实践性的活动。管理工作的经验只有在实践中才能形成，因此，注重在管理实践活动中提高管理者的相应能力，是管理者素质提高的重要途径。

③不断提高自我修养。提高管理者素质的关键是提高自我修养。外在的作用必须转化为内在的动力才能成为促进管理者素质提高的重要因素。

（2）人事协调。人事协调是一个广泛的概念，不仅包括人际关系的协调，也包括人事结构的协调。协调的人事关系和人事结构是一个指挥系统发挥高效力的必要条件。一个有效的指挥系统需要有一个高效的指挥队伍。在一个高效的指挥队伍中，组织中人与人之间的协调关系是十分重要的。要想实现人事协调，指挥队伍中的每个成员就必须具有共同一致的管理意识，可以创设相互合作的群体环境，形成协调的群体结构等。共同一致的管理意识是使管理人员向着一个共同目标努力的重要保障。相互合作的群体环境则是完成管理任务的必要条件。互相倾轧的环境不可能产生好的效果。而协调的群体结构是组织效率优化的重要内容。老中青的结合、异质性格的结合、不同学科人员的结合都是协调群体结构的重要内容。

2. 制度系统的完善

制度系统在指挥系统中的作用不容忽视。完善制度系统和建立制度系统同样重要。制度系统的完善包括两个方面的内容。

(1) 制度系统的修正。制度系统的完善不是指制度系统的重建，而是主要指在原有系统基础上的修正。教师培养制度、教师职务评审制度、教师职务聘任制度、教师工作质量评价制度等一直在教师管理系统中起着重要的作用。在教师管理过程中，由于环境、形势、对象等的变化，管理者应对解决问题的措施、办法及时做出调整，如在教师职务评审过程中对某个教师的突出贡献给予特定的评价。

当然，修正制度系统绝不是为了否定制度系统本身的严肃性和权威性，而是为了充分保证制度的连续性和长效性。管理者对制度系统的修正必须慎重考虑，决不能因为某个个人问题使整个制度系统出现间断，进而使制度系统失去它的公正性，否则就不可能使制度系统产生其所应该产生的作用。

(2) 制度系统的自我调控。制度系统本身是严肃的，但这绝不是说制度系统是死板的。制度系统的运行恰恰需要其具有必要的灵活性。我们说制度系统一旦建立，无论是教师选任制度、教师职务评聘制度还是教师工作质量的评价制度，都应该具有稳定性和持久性。但事实上，由于人的管理本身的局限性，不同的人在不同的环境下所出现的问题不可能一样。比如教师职务评审，由于每一个教师的成果、工作业绩、思想状况都不一样，所以用一个固定的衡量标准来对不同对象加以衡量比较是一件复杂的事。再加上环境不同、学科内容不同，不同管理者对制度的理解也不同，用一个固定的标准来衡量不同的对象并不合理。这就要求制度本身具有一定的灵活性。也就是说，制度本身不仅是一种普遍适用的指令，而且在对某些特殊问题的处理上应具有相应的灵活性。这实际上是制度系统自我调控的内容。除了指挥系统本身的修正外，制度系统自我调控也是十分重要的。这是制度系统完善最重要的内容之一。

(三) 高校教师管理指挥系统的运行技巧

系统的运行过程主要是指系统各要素为达成系统目标而进行的活动过程。高校教师管理指挥系统的运行过程也是指挥人员通过指挥管理活动的实施，从而使高校教师管理的整体目标得以达成的一个完整过程，其中最重要的部分就是调动教师教学、科研工作的积极性和主动性。这是高校教师管理活动的主要目的。而高校教师管理指挥系统的运行过程也正是激励教师发挥作用的过程。

1. 激励与激励因素

管理工作涉及如何为拥有共同目标的人们创造并维持一个良好的工作环境。一个管理者如果不知道怎么去激发人的积极性，是不可能胜任管理者这一岗位的。事实上，所有那些对某一个组织的管理工作负有职责的人都必然要把能激励人们尽可能有效地做出贡献的因素体现在整个组织系统中。

（1）激励。激励能够激发人的积极性和创造性。激励与人的动机密切相关，人的行为是由动机支配的，而动机又是由需要引起的。人们的行为不管是有意识的还是无意识的，都是基于需要而发生的。因此，行为学家们把促成行为的欲望称为需要。管理者要激励他们的下属，实际上就是使下属的需要得到满足。

（2）激励因素。激励因素是能够促使人工作的因素，通常包括较高的薪水、有声望的头衔或职务、同事们的捧场等。激励措施反映了人们的各种需求、欲望，促使人们去实现自己的愿望或目标。同时，激励措施也是调整需求冲突的一种手段。

一个管理者可以创建一种可以激发出下属工作动力的环境。例如，教师在一个享有较高知名度的高校工作，一般会因受到激励而为维护高校的知名度做出贡献。同样，一所管理得法并取得显著效果的学校也会提高教师管理质量。有效的教师管理活动必须把每一个教师的干劲充分地激发出来，并使他们的需求得到满足。

2. 激励的艺术与技巧

激励可强化有利动机，削弱不利动机。它或是肯定某种行为，使其动机得到强化；或是否定某种行为，使其动机得到削弱。激励的方法多种多样，教师管理的激励措施更具有特殊性。教师作为高层次的人才，其需要有着不同的特点，除了基本需要外，高成就的需要在教师需要中占据重要的地位。人的需要不同，针对其所使用的激励方法和技巧也应不同。这里简单阐述两种常用的激励方法。

（1）利益激励。要使金钱成为最有效的激励因素，教师管理者必须谨记以下几点。首先，金钱对于那些较为年轻并正在抚养一个家庭的教师来说，比那些在金钱的需要方面已经"到了顶"，不那么急需的教师来说更为重要。这里的金钱包括与金钱相关的物质，如住房、生活条件等。其次，就目前来说，正如管理理论所指出的那样，金钱主要是一个组织配备并维持足够的人员的一种手段，而不是激励的因素。因此，在人们看来，工资是他付出劳动的一份报酬，很难具有较大的激励作用。而且不少学校的奖金也不具备激励的作用。最后，只有当预期的报酬与一个人现在的收入相比差额较大时，金钱才能成为一个人的工作动力。目前的问题是，大部分额外工资和薪金甚至奖金，并没有多到足以对教师产生激励作用的地步。另外，金钱激励也往往带有一定程度的副作用。在其中一部分人得到额外的报酬或工资（津贴）的时候，另一部分人或许会因为没有得到而不再努力，从而对教师工作产生消极的影响。这也是管理者必须充分认识到的重要内容。

（2）参与激励。高校教师普遍具有强烈的学者意识，往往不希望管理者过多地干涉他们的工作。也就是说，高校教师具有不开放的接纳管理的心理特点。针对这一点，管理者应该让高校教师进行自我管理，参与到有关政策、制度的制定和决策过程中来，以使高校教师在心理上产生自觉意识。这样，高校教师通常会认为决策是个体意志的反映，因而对工作的满意度较高，较易产生极强的工作积极性。

有一些高校教师不关心教学质量，也不关心教师培养的规划，只是凭着经验来组织教学、科研活动，甚至对高校教师管理也有抵触情绪。管理者为实施有效管理而制定的一些政策、措施，在他们看来竟是一种管制教师的"枷锁"，而不能自觉地参与到管理活动中来，从而导致许多制度执行效果不佳，这一点很值得管理者重视。管理者应该使教师了解高校教师管理的过程和具体内容、有关规定，让高校教师参与到决策过程中来，改变管理者与高校教师之间的不协调关系，调动高校教师参与管理、配合管理的主动性，以保证高校教师管理工作的有效运行。

二、高校教师岗位分类管理的创新探索

增强教职员工在工作中的活力和创造力，分类管理高校教师岗位，建立竞争科学、激励有效的现代大学人事制度，是我国高校人事制度改革的重要内容。但目前我国的高校教师岗位分类管理仍然存在一些问题，如缺乏分类的科学依据、设立的层级过多、岗位设置具有明显的功利性等。因此，人事制度改革应使教师岗位的竞争性与教师职业的自主性有机地结合起来，努力使教师的人事安排既能达到激励的效果，又能保证教师得到自由的发展。

（一）加强高校教师岗位分类管理的意义

第一，我国不少高校目前对教师的分类是不够细化的。这不利于不同类型的教师充分发挥出不同的作用，也不利于教师队伍积极性的调动。所以，加强高校教师的岗位分类管理是非常有必要的。

第二，在教学、科研和管理上，不同类型的教师有不同的偏好。每个教师都有自己的优势和劣势，每个教师都有不同的潜力和特征。在岗位设置上，只有让更适合这个岗位的人去干这个岗位的事，才能将每个人的最大潜能发挥出来，才能达到良好的工作效果。这样做，不仅符合教师自身发展的内在需求，也是人力资源管理的基本要求。

第三，社会对高等教育有很高的期望和要求，只有加强高校教师岗位分类管理，才能促使更加科学的岗位分类管理制度得以建立，才能使职业发展的通道更加自由和畅通，才能使核心教师队伍的积极性和创造性被激发出来。

（二）加强高校教师岗位分类创新管理的原则

我国高校在加强教师岗位分类管理时应该遵循以下几项原则。

第一，将教师岗位的竞争性和教师职业的自主性有机地结合起来。

第二，在制度安排上，使激励机制能够在有效发挥作用的同时，确保教师的自由发展。

第三，在岗位分类的管理方面，应该根据实际需要，更加科学合理地设置相应的岗位，在不同的岗位之间建立沟通渠道。

第四，在人事制度的革新方面，要确保激励机制的有效性，同时要使教师拥有自由发展的空间。

（三）加强高校教师岗位分类创新管理的措施

1. 根据实际情况设置岗位

高校应根据自身工作量以及工作内容的实际情况，设置不同类型的教师岗位。目前高校的岗位有三大类别：第一类是兼具教学和科研职能的岗位，第二类是以教学为主要任务的岗位，第三类是以科研为主要任务的岗位。高校在这些岗位划分的基础上，还可再进一步进行完善和细分，并且对每个岗位的具体工作内容进行分析，从而使每个岗位的划分界限更加清晰明确、科学合理。另外，应允许已经在岗的教师根据自己的发展方向和兴趣提出岗位调整，并完善相应的流转通道,保证每个教师都能被安排在最适合的岗位上。

2. 打破岗位终身制

聘任制和任期制应该在高校激励制度设计时被真正运用起来。岗位终身制是目前我国大部分高校对教师普遍实行的岗位制度。教师被安排到某个岗位后长期没有变动的问题比较突出。岗位终身制不利于激发教师工作和自我提升的积极性,容易使教师在工作中产生懈怠心理,也不利于不同岗位之间的流动。因此,各高校应实行聘任制和任期制,并且建立和完善考核制度,对教师进行公正合理的考评。

第五章　高校教育教学中的行政管理创新

第一节　高校行政管理概述

一、高校行政管理的内涵

行政管理主要是指国家将权利用到治理社会事务活动之中，也可以统称为一切企事业单位的行政管理工作。从广义上看，现代行政管理是指社会中的一切团体和组织对其事宜执行和管理的工作。在现代行政管理中，多数是将系统的工程方法与思想结合起来，借此降低人力、物力和财力，乃至时间成本，使行政管理的质量和效率得以提高。

高校的行政管理机构在我国主要是服务教学科研活动和非教学的行政管理工作。相对于高校的教师和研究人员来说，他们大多是管理者。各大高校主要是以科研和教学为主，而高校行政管理主要起到辅助性的作用，但又是各高校不可缺少的一部分。

高校的行政管理是高校特有的一种管理手段。政府在对高校的监管上，主要是采取了指令性的手段来进行监管和检查。

高校为实现其在教育上的目标，必须运用较为灵活的工作手段，制定一个较为完善的制度，达到既实现预期的行政工作效果，又保障其管理职能能够顺利进行的目标。在高校，行政管理的主体主要是指管理层的领导和具体执行命令的行政工作人员。而各大高校中的人力、教学和物力等其他资源，则都以各高校的行政设置为核心，并将该核心作用在各高校的科研和教学上，达到效率的最优化，使高校教育与高校管理实现合理化安排，最终实现各高校以学生为本的管理目的。

二、高校行政管理的职能

高校行政管理的职能主要是来源于政府教育行政管理职能。高校行政管理的职能大体可以分为政治职能、社会服务职能和社会管理职能。

（一）政治职能

高校行政管理的政治职能是指各高校要以国家下发的各项教育方针政策为主，按照当前的方针政策进行管理。

（二）社会服务职能

社会服务职能则体现为高校行政管理人员通过各项规章制度和职能来组织高校的非行政人员进行教学和科学研究等。在教学和科研中处理好各种问题，全方位地服务各个教职工，使他们都能在自己的岗位上爱岗敬业、勤劳奋斗，最后达到高校的预期目标。

（三）社会管理职能

高校行政管理的社会管理职能则主要表现为行政管理人员通过管理运行体制和实施具体的管理职责，对高校的教职工进行正确的规范性的指导，使他们能够按照条例和规范有条不紊地工作。

高校行政管理的职能对高校的教学起着保障作用，这一职能应随着社会的发展变化不断地完善和创新，这样才能跟上各高校的教学科研发展需要。

三、高校行政管理的运行机制

要想切实可行地运用好各高校的行政管理职能，首先要因地制宜地根据自己院校的当前情况确定一个符合实际的运行机制。

（一）决策机制

在行政管理上，高校只有做好科学与民主的统一，进行科学的民主决策，方能在高校行政管理的过程中做出最适合的行政决策，才能最大限度地保障高校行政管理的合理性。

（二）竞争机制

竞争机制是高校行政管理中一个重要的机制。高校行政管理人员通过公平的竞争实现优胜劣汰，是竞争机制最为显著的特点。市场经济的重要法则之一就是竞争。高校行政管理引入竞争机制，可对行政管理人员的创造性和主观能动性发挥重要的督促作用，有利于提高高校行政管理工作的效率。

第二节　高校行政管理工作解析

高校行政管理工作是高校教育教学工作的重要组成部分，直接关系到高校"立德树人"根本任务的实现。同时，高校行政管理工作水平对学校整体竞争与发展能力的影响十分关键。目前，随着我国高等教育规模的不断扩大，高校行政管理工作压力进一步加大，这要求高校在重视提升行政管理工作效率的同时，推进行政管理工作全面、规范发展。新时期的高校必须重新优化调整自身行政管理工作目标，创新行政管理工作方式，以改革与创新展现新时代高校风貌，为现代大学生成长成才提供可靠、稳定的校园环境。

一、高校行政管理工作的价值

（一）提高高校行政管理工作质量

发展高校行政管理工作，要注重工作质量的提升，通过进一步优化高校行政管理目标，细化各项高校行政管理工作的责任落实。在高校行政管理工作中，应坚持公平公正原则，统筹协调各方工作内容，充分发挥行政管理工作在高校教书育人、科研创新等各项事务中承上启下的纽带作用，全面提升高校行政管理工作质量。

（二）提高高校行政管理工作效能

发展高校行政管理工作，解决了传统管理工作中存在的职责不明、流程不畅等问题，尽可能消除高校行政管理工作中存在的不合理、不公正现象，真正使高校行政管理工作服务于广大师生群体，促进高校行政管理工作良性循环，切实提升高校行政管理工作效能。

(三)推动高校行政管理工作内涵式发展

发展高校行政管理工作,使其高质量内涵式发展,可满足高校实践之需,适应高校需求之变,推进高校不断向"双一流"建设发展的战略目标迈进。行政管理工作在高校工作中发挥着"中枢神经"的关键作用,加快新时期高校行政管理工作的创新发展,不断完善高校行政管理工作各项规章制度,推进精细化高校行政管理工作得以落实,引领高校全体教职工树立合理化、规范化、精细化的工作理念,可对大学生群体发挥潜移默化的积极作用,从而推动高校不断取得高质量内涵式发展。

二、高校行政管理工作的特点

(一)广泛性

高校行政管理工作主要是围绕高校教师、高校学生、高校其他职工来进行的,高校行政管理部门要对各方关系进行恰当的协调处理,确保高校行政管理职能得到充分的发挥。高质量、高效率地开展行政管理工作,对高校的发展具有重要意义。高校行政管理工作的广泛性特点,主要表现在三大方面:首先,对于高校教师群体来说,在高校开展的各项教育教学及各项学术、科研等活动中,教师都扮演着活动主体的角色,高校教师群体是高校行政管理部门的重点管理及服务对象。高校行政管理部门要对每位教师的教学现状、教学动态等进行及时的了解与掌握,为高校教师提供全面性、针对性更强的管理与服务,确保高校教师在教学活动、科研活动、学术活动等开展过程中,可以获得及时、充足、有效的资源保障。与此同时,高校行政管理部门要为高校教师创造更多接受再教育的机会,通过多样化的方式激发高校教师工作的热情,进而促进高校教育教学水平不断提升。其次,对于高校学生群体来说,高校行政管理部门主要针对学生的学习情况、生活情况、就业指导情况等展开一系列的管理与服务工作,任何一项行政管理工作的开展,都要基于学生的实际情况,这就需要高校行政管理部门及时了解掌握学生的思想、心理变化。大学生的成长发展规律决定了其在思想上存在不成熟的问题,但是新时期的大学生拥有活跃的思维,这就需要高校行政管理部门在了解掌握学生思想变化、心理特征的基础上,积极开展综合性更强的指导和服务工作。最后,对于高校其他职工来说,开展各项工作的目的主要是为高校师生提供各项服务,如果高校行政管理工作的对象不包括高校其他职工群体,那么高校师生的管理服务工作水平必将受到影响。所以,高校行政管理工作的对象,还包含高校其他职工群体,不断拓宽高校行政管理工作的范畴,才能为高校教师、高校学生及高校其他职工提供更优质的管理与服务,最终保障高校教育教学持续发展。

(二)专业性

从高校行政管理工作开展的范围以及管理服务的对象,可以看出高校行政管理工作的广泛性特点,同时还能看出高校行政管理工作的专业性特点。高校行政管理工作的专业性特点主要表现在以下两个方面:首先,高校大学生数量逐年增加,这就在很大程度上增加了高校行政管理工作的工作量。面对不断增加的行政管理工作规模,相关的标准、要求等也发生了改变,这就对高校行政管理工作人员的专业技能提出了更高的要求,只有具有专业技能的行政管理工作人员,才能为高校师生及其他职工群体提供全面、优质、及时、高效的管理服务。其次,高校在开展行政管理工作时,必须要明确管理目标、服务目标,创建具有专业技能的高素质行政管理工作队伍,处理协调好高校内部各部门之间的关系,开展好教育、科研等各个领域的监督、检查与评价工作。这就要求高校行政管理工作人员必须具备相关的行业资质,具有专业化的管理、服务技能。高校行政管理工作的专业性特点,是高校有序开展行政管理工作的前提与保障。

三、高校行政管理工作的提升

(一)革新行政管理方法,树立服务管理意识

如果高校行政管理工作人员缺乏对服务管理内容的认识,在工作中并未把服务放在首位,更多的只是在进行管理,如此便会使部门与部门之间、教师与学生之间产生矛盾,从而降低工作效率。高校行政管理工作体量较大,程序相对复杂,因此要对其进行规范化管理,将复杂的程序简单化,将业余的事务规范化,加强规范化管理和专业化管理。高校行政管理工作人员应更新思想、转变观念,将原本的"管理"师生的思想转变为服务师生的观念,如此才能逐步提高高校行政管理工作效率。

高校行政管理工作的宗旨是为师生提供服务,管理好高校的人、财、物,充分发挥各方优势并将利益最大化,在为师生提供服务的同时为学校创造更高

的价值。高校每年为国家培养大量人才，随着社会的不断发展，高校也要不断寻找新的创新方式和生存模式，才能在当前高校改革的浪潮中不被淘汰。

（二）加强专业性培训，建立岗位目标责任制

高校行政管理工作人员很多并非行政管理专业出身，提高相关人员的专业素养势在必行。高校应根据实际需求设立不同岗位的培训机制，加强对高校行政管理工作人员的专业培训，逐渐用专业办事替代经验办事。另外，高校行政管理工作涉及很多上传下达的工作要点，需要定期搜集信息、传达信息并做出决策，若在平时工作中存在效率问题，则定然会影响到整体的工作质量。提高工作效率，提升信息传递和指令决策的速度迫在眉睫。

在建立各种培训制度以提高工作效率的同时，建立健全岗位目标责任制，增加高校行政管理工作人员的责任感和使命感，可以达到锦上添花的效果。此外，高校行政管理工作的领导层也应摒弃陈旧思维，杜绝用行政权力命令下属，而应用制度和规范去管理人员，增强下属的服务意识和主人翁意识，使得高校行政管理工作人员明确自己的岗位职责，并在工作中树立责任意识，权责一致。当然，在建立岗位目标责任制时，应考虑多方面因素，从专业化、人性化的角度出发，制定合理有效的责任制，才能更好地对高校行政管理工作人员进行管理，并实现工作效率的提升与优化。建立岗位目标责任制，除了可以加强对高校行政管理工作人员的督促外，还可以通过该制度提升其个人业务能力和水平，对其个人职业规划和发展也有所帮助与指导。

（三）加强信息化建设，实现智能化管理

信息化是当今社会发展的重要成果，已经渗入我们日常生活的方方面面，也影响着我们的工作与生活。现阶段，国内高校基本实现以校园网为平台，集行政、教学、科研、服务为一体的互联网数字建设，并仍在不断完善和发展。当然，完善和发展信息化建设绝非一朝一夕可以完成的，当前信息化建设存在的问题，可从以下几个方面进行解决：第一，加大相应投资力度，提升高校硬件和软件设施水平，做到高校业务信息化全覆盖、智能化全发展，减少人工操作，从"有纸化"向"无纸化"办公发展。第二，制定全面的系统性制度，通过顶层设计对高校资源进行整合统筹，制定符合本校的科学有效的制度规定，将信息化、智能化建设合理纳入学校规章制度中，并逐级落实推广。第三，创建高校信息共享平台，通过互联网特有的优势，将高校所有师生数据分类存储，使高校行政管理部门在需要任何数据时均可直接从数据库中调取，并做到

在日常工作中不断完善该数据库，如此能大大减少重复性工作，提升工作效率。第四，提升高校行政管理工作人员信息化素养。高校行政管理工作不是一个人或者一个部门可以完成的，需要多个部门交流协作，每一位高校行政管理工作人员都要紧跟时代潮流，做到日常办公能线上不线下、能网络不跑腿的信息化办公意识和思维。

信息化管理系统已广泛应用于高校行政管理工作，如何推动高校行政管理工作系统的智能化发展，是新时期广大高校行政管理工作人员应该积极思考的问题。推动高校不同部门之间信息管理系统的整合，建设一体化的智能行政管理系统，是未来高校行政管理工作的重要方向。智能化行政管理工作系统的建设并非一朝一夕就能完成，需要高校投入足够的资金与精力，对各个部门进行整合。

为了更好地建设智能化行政管理工作系统，高校可以从以下几个方面入手：第一，要配置相应的硬件设施，加大智能化建设资金投入，推动智能办公系统的全面落实。要让高校各个部门都配备相应的计算机硬件设备，解决部分部门因信息化功能缺失存在的问题。第二，要加强智能化行政管理工作系统的软件建设，因为只有硬件设备还远远无法推动高校智能化行政管理工作系统的发展。因此，高校应该加大智能化行政管理工作系统的研发，向高校内部的信息技术专业寻求帮助，结合高校行政管理工作的实际情况，开发相应的智能化行政管理工作系统。除此之外，高校还可以大胆借鉴企业的行政管理系统，向专业化的企业学习，将高校内部的资源进行统筹整合，推动智能化行政管理工作系统的发展。第三，要建立信息化行政管理的相关制度，针对信息化行政管理制定相关措施，针对电子文件审阅流程等工作制定相应的制度。第四，要建立信息化共享平台，将高校行政管理工作与互联网相接。高校要大胆应用云技术、大数据技术、人工智能技术等，推动信息化共享平台的建设。要将智能化行政管理工作系统建设在云端，并设立相应的访问权限制度，为不同部门的高校行政管理工作人员开发不同的权限。例如，财务部门的会计人员只能调用系统中的财务数据，人力部门的人力资源管理人员只能调用系统中的人力数据。当高校行政管理工作人员在外出差时，只需要利用笔记本电脑登录信息化共享平台，从系统中下载相应的数据即可。当其他部门工作人员想要获取另一个部门的信息时，也不再需要东奔西跑，只需要在系统内向该部门的领导提出申请，在审批通过以后，即可获得相应的权限。第五，要注重提升高校行政管理工作人员的信息化素养。如果高校行政管理工作人员不具备相应的信息化素养，不会操作高校行政管理工作系统，那么信息化行政管理工作就会前功尽弃。高校行政管理工作并非某一个特定行政管理工作人员或某一个特定部门可以独立完成的工作，而是需要多个部门团结协作。因此，高校要致力于提升行政管理工作人员的信息化素养，通过培训等方式提升高校行政管理工作人员的信息化操作能力。

对高校行政管理工作进行信息化、智能化管理，对高校所有信息进行资源整合，并做到统筹规划、统一调度，提高高校行政管理工作信息传递的及时性、有效性、准确性，其最终目标是为师生提供方便、快捷的服务。

第三节 高校行政管理的创新措施

高校行政管理的创新举措，旨在提升高校行政管理效率，而提升高校行政管理效率一定程度上推动着高校教育教学健康发展。随着当前高校数量的增多，提升高校行政管理效率是提升自身核心竞争力的关键。同时，提升高校行政管理效率是保证高校内部稳定发展的关键，高校在创新发展的过程中，需要及时更新教学理念，根据当前高校发展的实际情况制订完善的人才培养计划。

一、转变高校行政管理理念

转变高校行政管理理念是提升高校行政管理效率的关键，是高校行政管理的创新措施之一。在日常的工作过程中，首先要做好高校行政管理评价工作，实时与高校教师以及学生进行沟通，从而保证后续工作的顺利进行。当前的高校行政管理工作需要高校相关部门注重引进先进的行政管理理念，打破传统行政管理理念的局限性，为高校的信息化建设奠定基础。同时，高校为了提升自身的核心竞争力，需要及时与优秀的企业进行联合，共同参与到高校行政管理工作中，并注重日常行政管理系统的更新。

二、完善高校行政管理机制

要提升高校行政管理效率，就需要完善高校行政管理机制。首先，高校行政管理工作需要做好前期准备工作。需要明确各人员的岗位职责，根据当前高校行政管理工作的实际情况优化部门人员的分工，保证分工的合理性。建立健全考核评价体系，及时发现在实际操作环节中存在的违规操作行为，从而提升高校行政管理效率。其次，做好绩效考核工作是保证高校顺利运行的关键。需要制定完善的绩效考核标准，对高校行政管理工作的晋升机制进行优化，从而提升高校管理人员的工作积极性。其中，当前高校行政管理工作中的绩效考核机制的评价标准具有多样性，要将高校管理人员的工作态度、工作能力有效地纳入绩效考核评价体系中，针对表现较为突出的高校管理人员进行奖励，从而保证高校行政管理工作顺利进行。为了保证高校行政管理机制的科学性，需要依托现代信息技术的优势，构建智能化监督运行机制，积极鼓励全体师生共同参与到高校行政管理工作中来，实时对高校行政管理工作进行监督，针对存在的问题提出自身的见解，保证部门之间相互监督，防止出现违规操作。最后，在制定绩效考核机制的环节中，要对考核的效果进行科学分析，考评标准要与高校管理人员的职务相匹配，从而提升考评结果的准确性。

三、加强高校行政管理培训

在高校行政管理工作中需要加强相关管理人员的行政管理知识技能培训，注重提升高校行政管理人员的整体综合素质，从而提升高校行政管理效率。首先，要定期组织高校行政管理专业知识技能培训大会，并邀请社会上优秀的专家学者前来指导，针对在实际管理环节中存在的问题提出正确的解决对策，从而保证后续教学的顺利进行。其次，要注重提升高校行政管理人员的业务水平，积极学习外界优秀的行政管理理念，根据当前高校发展的实际情况逐步优化高校行政管理人才组织结构，针对行政管理人员认知水平的实际情况制订长期的人才培养计划，保证人员的分配符合岗位的实际要求。最后，要加强对选拔招聘环节的监管力度，要制定严格的学历标准以及专业技术标准，根据岗位的实际情况对人才进行招聘。做好入职培训工作，将高校行政管理意识向管理人员渗透，从而提升行政管理人员的认同感。

四、提高高校行政管理执行力

提高高校行政管理执行力有利于从整体上提升高校行政管理效率。首先，要根据当前高校行政管理工作的实际情况建立健全完善的督查机制，将具体的职责划分到个人，纠正部门在实际运行环节中存在的问题，保证高校行政管理工作朝着规范化的方向发展。其次，完善高校行政管理工作的奖惩机制，通常采用物质奖励与精神奖励相结合的方式，对在实际操作环节中存在的违规操作行为进行必要的惩罚，保证高校行政管理工作的公平性。最后，要发挥高校行政管理协调能力的优势，注重加强高校各个部门之间的沟通与协调，为工作人员营造舒适、愉悦的工作氛围。同时，还要注重提升高校行政管理人员的思想意识，提升自身的使命感，为高校整体发展奠定基础。

参 考 文 献

[1] 范力舟. 试论高校教育教学管理机制改革创新和运行的文化管理［J］. 文化产业，2021（21）：76—77.

[2] 郭新. 信息化背景下高校教育教学管理的创新发展［J］. 产业与科技论坛，2020，19（16）：249—250.

[3] 何晓. 高校创客教育教学管理优化研究［D］. 武汉：中南财经政法大学，2020.

[4] 贺丹. 大数据背景下高校教育教学改革研究［J］. 教育现代化，2018，5（49）：101—103.

[5] 李平. 推进虚拟现实技术应用 提高高校教育教学质量［J］. 实验室研究与探索，2018，37（1）：1—4.

[6] 李向阳. 基于大数据环境下高校教育管理信息化创新与发展研究［D］. 信阳：信阳师范学院，2017.

[7] 李晓，邓丽娜，胡艳，等. 高校教育教学改革研究［J］. 教育与教学研究，2020，34（12）：91—119.

[8] 李旋. 双创背景下高校教育教学改革探索的研究［J］. 湖北开放职业学院学报，2022，35（19）：1—3.

[9] 刘俊雅. 基于学习成果的高校通识教育教学评价研究［D］. 长沙：湖南大学，2021.

[10] 栾岚. 基于复合型人才培养的高校教育教学管理创新研究［J］. 快乐阅读，2022（8）：96—98.

[11] 苗金凤. 当代高校教学管理工作的优化路径探究［J］. 大众标准化，2019（14）：155—156.

[12] 谭诗麒. 现代教育理念视域下的高校教学改革研究［D］. 长春：长春工业大学，2017.

[13] 万艳. 基于"以人为本"理念下高校教育教学管理新模式的构建［J］. 吉首大学学报（社会科学版），2018，39（S2）：295—297.

[14] 王海. 高校创新能力培养目标下的教育教学管理 [J]. 湖北开放职业学院学报, 2021, 34 (1): 3—4.

[15] 王莹. 高校教育教学管理工作特性研究 [J]. 产业与科技论坛, 2020, 19 (9): 283—284.

[16] 武晓琼. 创客教育融入高校教育教学改革的路径探析 [J]. 吉林工程技术师范学院学报, 2018, 34 (12): 34—36.

[17] 张玲. 高校教育教学中"以人为本"管理新模式的构建 [J]. 才智, 2019 (19): 12.

[18] 赵静. 我国高校创新人才培养的实践研究 [D]. 北京: 中国地质大学, 2019.